日江戸人＊目次

第一章❀入門編

第二章❀初級編

第三章❀中級編

第四章❀上級編

一日江戸人

第一章——入門編

大道芸

のっけから私事で恐縮ですが、十九歳の夏から三年余り、私はアルバイターでした。短期のバイトを転々とし、ぶらぶらしていました。二週間働いて三週間ぶらぶらする。あるいは、一か月働いて二か月ぶらぶらする、という具合で、居候《いそうろう》でもあり、月四万円もあれば、なんとか生活できたのです。その時、つくづく、多くを望まなけりゃ、けっこう呑気《のんき》に暮らせるもんだなぁと実感し、べつだん、一生アルバイターでもかまわないなぁと思いました。

その呑気さは、江戸人ゆずりのものだったようです。

たとえば、二人の江戸ッ子が素寒貧《すかんぴん》でいる。だけど、酒は呑《の》みたいし、働くのは辛気《しんき》臭い。そこで、一人が鍋底《なべぞこ》の煤《すす》を顔に塗りたくる。そうして、人通りの多いところへ、スタスタやって来て、黒いほうはしゃがんで、二〜三回ピョンピョンはねる。横に立っていた相棒、ここぞとばかり大声で、

「江戸は浅草、京は四条河原、浪速《なにわ》は天満天神内におきまして御評判に与《あず》かりました紀州熊野浦《くまのうら》で生け捕りました河童《かっぱ》でございー!!」

と言う。黒い男は舌を握って、

「かららら」

と言う。通行人はどっと笑う。ところが江戸人というのは、笑っただけでは通りすぎない。必ず一文なり二文なりの小銭をほうっていくのです。こうして声を張りあげていれば、二人分の呑み代《しろ》は、たちまち集まったといいますから、太平楽なもんです。芸は身をたすく、というよりは、愛嬌《あいきょう》は宝、といいたいところです。

また、あるひとりの男、食紅《しょくべに》(これは安価だった)を一袋買い、手足顔へ塗りたくり、紙でゴワゴワとした衣装をこしらえ、納豆箱に飾りをつけ、すりこ木を持ち、墨で眉《まゆ》をゲジゲジに描いて横丁に入ってくる。その異様さに、路地で遊んでいた子供は、いっせいに家へかけ込み「閻魔《えんま》様が来たよう」と泣き出す。なるほど、その男の扮装《ふんそう》は、絵本で見る閻魔そのものだ。何事かと思って親が出て来るや、男、笏《しゃく》の代わりのすりこ木を、変な具合に振り回して、

「十王《じゅうおう》(閻魔)が勧進《かんじん》も九王がため、鼻の下(口のこと)の建立《こんりゅう》、クワッ!!」と、歌舞伎《ぶき》の見得よろしく、目玉をむいて大口をあける。言ってることは「食おうがために、

こんなことやってんだぞッ」です。それを聞けば、おかみさん連中、ぷっと噴き出し、お鳥目《ちょうもく》（穴あき銭）を喜捨してくれるのは必至。目的を果たした冥府《めいふ》の王は、のっしのっしと路地を去る。子供は、母親の前垂れ（エプロン）のかげから、こわごわ顔を出すと、横丁の出口で、閻魔が振り向き、「クワッ!!」と、今一度サービスをして帰っていくのでありました。これにしても、「食えない、ひもじい、わびしい」と、ストレートでジメジメしていないところがヨロシイ。能天気が身上の江戸ッ子にかかりゃあ、何があったって食えないてぇドジなことがあるもんか、

てなもんです。

あの北斎《ほくさい》だって食えない時分は、「やあれそうれとんがらし、ひりりと辛いは山椒《さんしょ》の粉、すいすい辛いは胡椒《こしょう》の粉」と、巨大な唐辛子の張子《はりこ》を背負って歩いたといいますし、落語の若旦那《わかだんな》も、勘当されれば廓唄《くるわうた》を唄いながら唐辛子を売り、与太郎だって年の瀬には厄払いのバイトをするんです。その日その日を食いつないでさえいけば、なんとかなるもんだという気持ちがあったのでしょう。

それにしても、紙とはいえ、衣装をこしらえたり、廃物で小道具をこしらえたりする手間を思えば、地道な商いをしたほうが手っ取り早いようですが、そこはそれ、もともと商い嫌いゆえの貧乏だから説教は通じません。バカバカしいその場しのぎも、本人の選択だからこそ、卑屈になることは、少しもなかったのです。

寒い季節に思い出すのが童話「マッチ売りの少女」です。あれが江戸娘なら、あんな悲劇にはなりゃしません。たぶん「てれつくてんてんつけ木（マッチ）だよぉ、ぱっとすってごろうじろ、すればたちまち春が来る、梅に鶯《うぐいす》品良くとまる、きみょうしんみょうつけ木だよぉ〜」とか踊って、めでたく完売させたことでしょう。

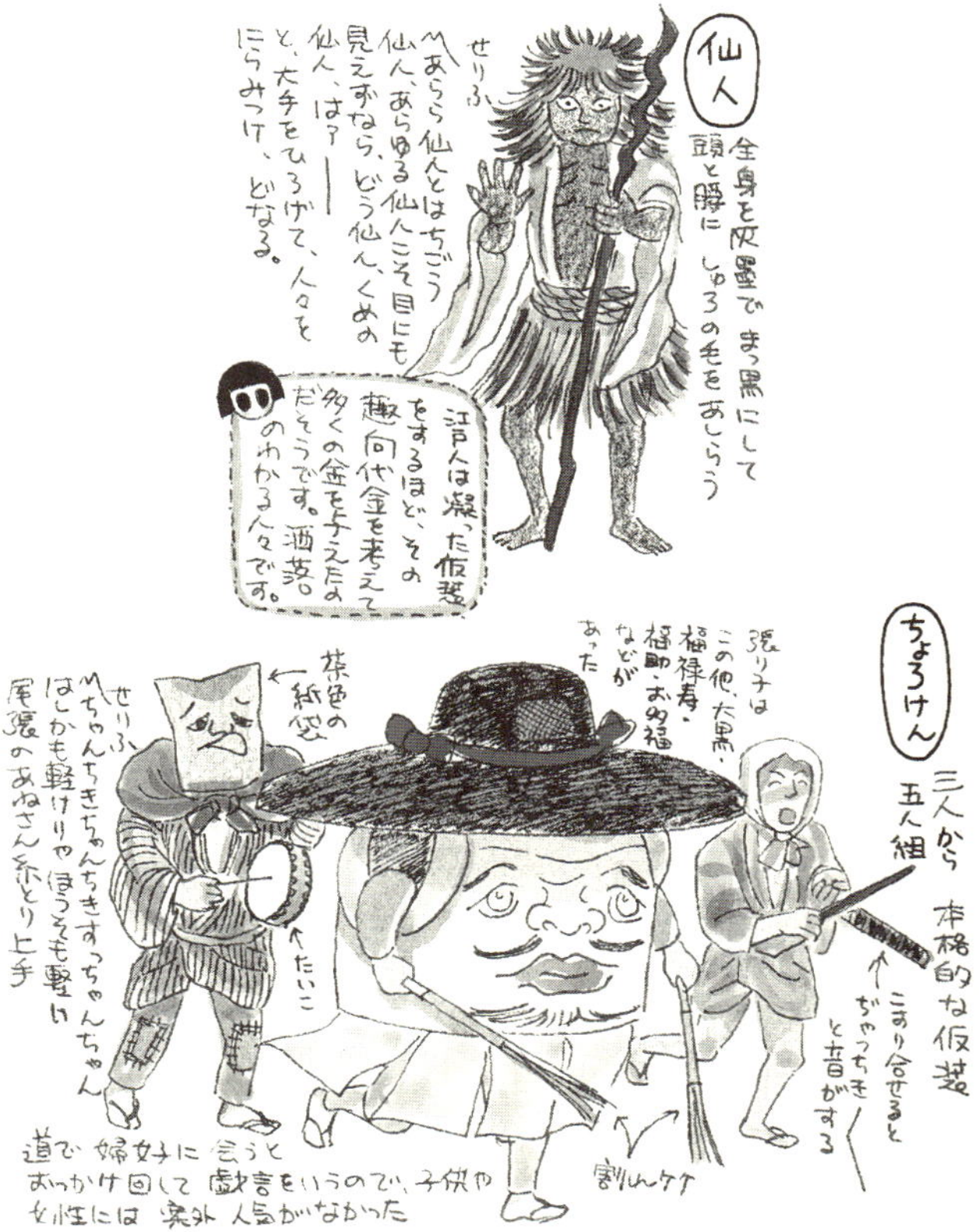
仙人
全身を灰墨でまっ黒にして
頭と腰に しゅろの毛をあしらう
せりふ
〽あらら仙人とはちごう
仙人、あらゆる仙人こそ目にも
見えずなら、どう仙ん、くめの
仙人、はァ――
と、大手をひろげて、人々を
にらみつけ、どなる。
江戸人は凝った仮装をするほど、その趣向代金を考えて多くの金を与えたのだそうです。洒落のわかる人々です。
ちょろけん
三人から五人組
本格的な仮装
張り子は この他、大黒・福禄寿・福助・お多福などがあった
茶色の紙袋
せりふ
〽ちゃんちきちゃんちきすっちゃんちゃんちゃん
はしかも軽けりゃほうそも軽い
尾張のあねさん糸とり上手
たいこ
こすり合せると ぢゃっちきと音がする
割れ竹
道で 婦女子に 会うと
おっかけ回して 戯言をいうので、子供や
女性には 案外 人気がなかった

ごみ太夫
全身ゴミでよそおう
百まなこ
しゃもじ
ほうきの柄
むしろの袢
みそこし
〽てれつくてん
てん天道まかせ
昔は花もやるせなき
…花のお江戸のお取立、忘れぬ冥加は精一杯、とんだりはねたり踏ったり、界内の手拍子や、おわらい草とぞ興じける…（このごみ太夫、あまりにウケたので、文政十一年三月江戸中村座で歌舞伎になった）
ありゃりんと
半分女、半分男の扮装
紙のかつら
うちわで拍子をとりアリャリント、といいながら腰をくねらし、男の側を向いて、いかめしく六方を踏んでアリャリントという。
親孝行
一見すると、息子が老父をおぶってるようだが、実は、息子はハリボテの人形でそれを爺さんが腰にくくって、一人で歩いている。
せりふ
〽親孝行でござい
この足と若者はつくりもの
じいさんのホンモノの足
天王様
紙で作ったおみこし
〽アリャ ソイヤ
ひとりで祭りの群衆を表現する。元気が取柄の芸
〽ソウレ
ワッショイ ワッショイ
やたら滅法騒がしい。あまりのやかましさに閉口して銭をくれる。

生涯アルバイター

とにかく江戸ッ子は歯みがきがだーいすき。房州砂と塩と香料の入った歯みがきで毎朝歯のすりへるほど力一杯みがきました。
ガシガシガシ
身近なアルバイト（その②）
歯みがき売り
歯が白いのが何より自慢の江戸ッ子には馴染深い商売。ことに「百眼」という仮面をつけたのが大ヒットしました。
ナント芝居にもなったホド

時代劇や落語でお馴染《なじ》みのベランメエ集団「江戸ッ子」ですが、その実体は、意外と知られていません。

百万都市江戸の半分は武家と僧。残り五十万の町民のうち六割は地方出身者、三割が地元民とのハーフ、一割が地元民ですが、「江戸ッ子」の条件「下町育ち」は半数、さらに三代続きとなるとその半数の一万二千五百。

つまり正真正銘の「江戸ッ子」は、江戸の人口のわずか一・二五パーセントということになります。

江戸で名のある職人や商人のほとんどは地方出身者です。惚《ほ》れっぽく飽きっぽい江戸ッ子は「この道一筋」が苦手なようで、定職など持たずにブラブラとその日暮らしをしていました。都市の遊牧民、フリー・アルバイターの元祖、ここにあり!?

江戸ッ子は貯金をしない――というと気前良く聞こえますが、実は大ざっぱで深く物事を考えないだけのこと。貯金は「いざという時の頼み」ですが、江戸ッ子の場合「その時ゃまたその場」で、今日ごはんにありつけりゃ一応満足してしまうわけです。

毎年江戸で一旗揚げようと、地方の人が流入して来ます。武士は武士で役職をめぐる功名争いに余念がありません。そういう出世欲のギラギラした人々を間近で見ているせいか、江戸ッ子は妙に恬淡《てんたん》として醒《さ》めています。執着がない分、名人気質《かたぎ》も育たなかったようですが、そのかわりアマチュアリズムの楽しさ、身軽さは町にあふれていました。

とにかく、江戸ッ子といえば怠け者の代名詞のように働きたがりません。もっとも、諸物価が安かったので、月のうち半分も働けば、十分女房子供を養えます。

身ひとつあれば、いつでもバイトができました。女房が「お前さん、お米が一粒もないよ」と言えば、外へ出て「米つこうか、薪《まき》割ろか、風呂《ふろ》焚《た》こうか」と言いながら歩けば、どこかの家からお呼びがかかります。

また、坂の下へ立っていれば、日に何度か重い荷車が通りますから、その後押しを手伝う。これもバイトです。女房が「扇の地紙売りがカッコ良いねぇ」と言えばさっそく始めたりします。町を歩いている物売りの中でやってみたいものがあれば、その人に聞くと親方の所へ連れて行ってくれます。そこで商売道具を一式借りて、その日

Let's GO!
大江戸アルバイトニュース
あなたにピッタリのバイトはコレだ!!
START
なぜ働くのですか?
A 親から勘当されてやむをえず
いでけてッ
こうなったのも今まで さんざん遊んだむくいだとあきらめる
① 千葉の地引網漁で働く
ザザーン
② 千葉の醤油造り屋で働く
③ 長野で炭焼きをする
労働の喜びを知る
勘当が許され跡を継いで大旦那になる。メデタシ・メデタシ。終
帰ってこーい
江戸
とび出る
女のヒモになる
ふられた
羅宇(きせるの管)屋か そば売か、茶飯売りか、甘酒売りになって、色街近辺にわだかまっている
うっそ~
オレだよ
あきた
あきた
夫婦になる
B あまり働きたくないが、どちらかといえば文科系のほうである(理数も可)
ボーンヤリ
各種
くすり売りになる
定斎
定斎
くすりの知識がついた
医者になる
しくじったら坊さんになる
C あまり働きたくないが、どちらかといえば体育系のほうである
ムキッ!
米つき・かごかき飛脚になる
てきとーに働く
ワブワた
頑丈なじいさんになる
あきた
美男だ
D なるべく働きたくないが ごはんはたべたい
のて~っ
並だ
耳垢取り、猫の蚤取りなど新商売を考案する
ニャ
大当たりをした
はずれた
ルンペンになる

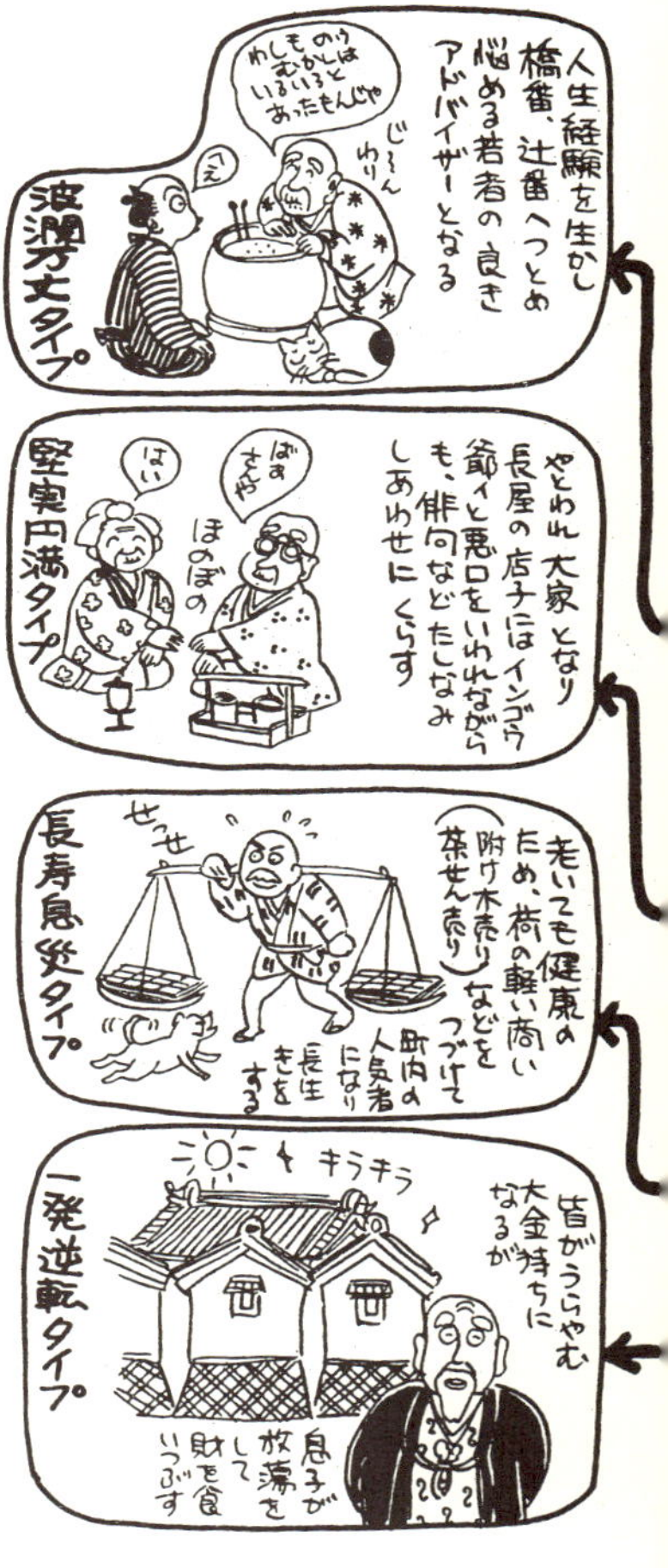
人生経験を生かし橋番、辻番へつとめ悩める若者の良きアドバイザーとなる
わしものうむかしはいろいろとあったもんじゃ
じ〜んわり
へえ
波瀾万丈タイプ
やとわれ大家となり長屋の店子にはインゴウ爺ィと悪口をいわれながらも、俳句などたしなみしあわせにくらす
ばあさんや
はい
ほのぼの
堅実円満タイプ
老いても健康のため、荷の軽い商い（附け木売り茶せん売り）などをつづけて町内の人気者になり長生きをする
せっせ
長寿息災タイプ
皆がうらやむ大金持ちになるが
息子が放蕩をして財を食いつぶす
キラキラ
一発逆転タイプ

から商いに出ることができます。途中すれ違った物売りの荷が軽そうだと言っては乗り換え、売り声の節回しが気に入ったと言っては転職しました。

中でも呆《あき》れたバイトは素人《しろうと》の医者。当時のお医者さんは無免許でなれましたし、剃《てい》髪《はつ》していたので「髪を結うのが面倒になったから医者でもやるか」とか言って、頭を剃《そ》って開業するんですからヒドイものです。こういうヤブは、飽きると幇間《ほうかん》になったり、易者をやったり、果ては坊さんもやってまた、医者に戻るなんてことも平気だったそうですからコワイですね。

義賊列伝

鼠小僧次郎吉
寛政9～天保3年
(1797)～(1832)
罪科 窃盗
特徴 大名屋敷の金品のみ盗む
顛末 現行犯逮捕・死刑
◎ 妻4人，妾多数
盗んだ金は，飲む打つ買う，に使った。
墓・両国回向院
人相書きによる
ねずみモンタージュ
① 平顔にして円き方
肥肉の方、色白
② うすあばた有り
③ 髪・眉 うすき方
④ 目は小さき方
いかにも柔和に
人物良く
職人風
ヒ

先年、世間をアッと言わせた「三億円強奪事件」。

白昼堂々、まるで狐《きつね》につままれたようにアッサリと大金が奪い去られました。

狙《ねら》われたのが庶民の懐銭《ふところぜに》ではなく、流血騒ぎもなかったので、なんとなく江戸の怪盗「ねずみ小僧」を思い出させます。

本家、ねずみ小僧は実在の人物。芝居、講談では盗んだ金を貧乏人に施す「義賊」として有名ですが、この美談はどうも眉《まゆ》ツバ!? とはいえ、十両盗めば首の飛ぶ時代に、盗みも盗んだり一万二千両。侵入した大名屋敷は七十一か所。

今で言えば、官公庁から一人でン十億円も盗むという大泥棒でしたが……。

江戸の二百六十年間には、手下六百人を率いた大盗賊・雲霧仁左衛門《くもきりにざえもん》から、長屋の空巣まで、さまざまな泥棒が横行しましたが、中でも「江戸らしい」のが「〇〇小僧」と呼ばれた単独犯の連中です。

名高いのは、前述の「ねずみ」と「稲葉《いなば》小僧」。

稲葉小僧は、江戸小川町に屋敷のあった稲葉丹後守《たんごのかみ》の侍医の倅《せがれ》で、天明五年（一七八五）、二十一歳の時に泥棒として名を馳《は》せました。狙ったのは、ねずみと同じく大名屋敷。盗んだのは刀や脇差《わきざし》ばかりで現金はなく、総額もたいしたものではありませんでした。なぜ刀剣がよいかというと、武士の魂とでもいうべき刀を盗《と》られたとあっては、恥になるので届け出をしなかったからです。稲葉小僧は、谷中《やなか》辺りで捕らえら

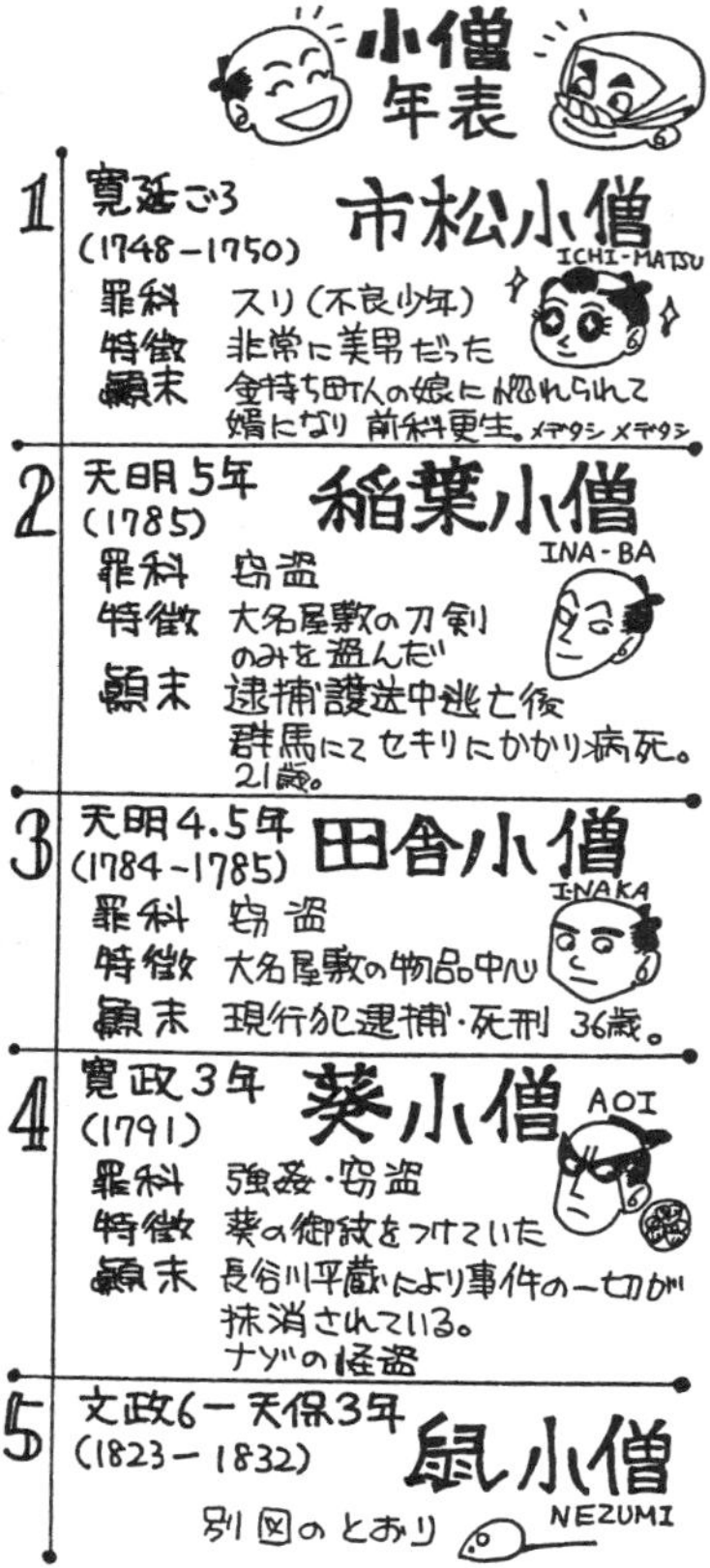
小僧年表
1 寛延ごろ (1748－1750) 市松小僧 ICHI-MATSU
罪科 スリ（不良少年）
特徴 非常に美男だった
顚末 金持ち町人の娘に惚れられて婿になり 前科更生。メデタシ メデタシ
2 天明5年 (1785) 稲葉小僧 INA-BA
罪科 窃盗
特徴 大名屋敷の刀剣のみを盗んだ
顚末 逮捕護送中逃亡後 群馬にてセキリにかかり病死。21歳。
3 天明4.5年 (1784－1785) 田舎小僧 INAKA
罪科 窃盗
特徴 大名屋敷の物品中心
顚末 現行犯逮捕・死刑 36歳。
4 寛政3年 (1791) 葵小僧 AOI
罪科 強姦・窃盗
特徴 葵の御紋をつけていた
顚末 長谷川平蔵により事件の一切が抹消されている。ナゾの怪盗
5 文政6－天保3年 (1823－1832) 鼠小僧 NEZUMI
別図のとおり

れ、町奉行所へ護送される途中縄抜けをしたのがつとに有名。脱走後間もなく、群馬で病死したのでお白州《しらす》の裁きは受けていません。

それから「田舎小僧」というのがおります。これは埼玉の農家の子だったので田舎小僧と呼ばれています。泥棒としては、稲葉小僧よりスケールが大きく、天明四年(一七八四)から翌年八月までの間に、幕府の重職、将軍の近臣、大名など、丸の内界隈《かいわい》十四か所の官邸へ侵入しています。盗んだ物品は売り払い、総額四十両弱を得たといいますが、中には秀吉から拝領した印籠《いんろう》などという超名品も含まれていたそうです。田舎小僧は三十六歳で獄門になりました。

稲葉と田舎、語呂《ごろ》も似ていて、時代もぴったり同じでしたから、若くてアダ名も聞こえの良い稲葉小僧に田舎小僧は「働き分」を盗られたようです。

他に「葵《あおい》小僧」、これは不敵にも葵の御紋を着用し、立派な武士のいでたちでいるからなかなか泥棒とは気づかれませんでした。寛政《かんせい》三年(一七九一)に、鬼平《おにへい》こと火付盗賊改《あらためやく》役長谷川平蔵《へいぞう》によって捕らえられています。

これら小僧達が大名屋敷ばかりを狙ったのは、広い屋敷のわりには人数が少なく侵入しやすかったからで、強きをくじくという義侠心《ぎきょうしん》は、芝居作者の心意気から生まれたようです。

泥棒のうつりかわり
江戸の前期までの泥棒といえば戦国の遺風が残る「殺して奪う」強盗殺人ときまっていました。江戸の自治が整う中期以降にやっと集団強盗も消え、代って「こっそり盗む」単独犯の時代となりました。
石川五右衛門スタイル 山賊風強面
おばんですゥ
実直な職人風
ドロボー
●先代の三億円犯人もこの「やさ男」型でしたネ
春の特別ふろく
江戸時代泥棒実話マンガ
え・すぎうらひなこ
ホーム・ドラマ
義賊のキネちゃん
1
享保のころキネズミ長吉という義賊がいましたが…
2
あ
チャリーン
キラ キラ
3
エライ
お役人さまこれは私のではありません
小判をもらった人はメーワクしました。
ドキュメント
ダンナサマは大泥棒
1
江戸富沢町に天正のころ古着屋街ができました
2
たいへん繁盛してしあわせにくらしました
3
大旦那もその近所の古着屋さんも昔はみんな泥棒だったなんて、ウソのようです。
大河青春ドラマ
泣いた山賊
1
江戸のはじめ箱根に山賊がたくさんいました
わーっ
わーっ
2
—ある日坊さんが通りました
持ちもの を出せってんだ
3
はい これで全部です
あげましょう
はだか
4
ガーン
なんていいひとだ
山賊は坊さんの弟子になりました

江戸の奇人変人

「世の中が平和だと、変な奴《やつ》が出て来るなァ」と、テレビを見ていた父がポツリ。画面では、素人《しろうと》の少年が芸人顔負けの大胆な演技（？）をしております。

同じ台詞《せりふ》を、江戸時代でも、どこかの長屋の片隅で、実年の親父《おやじ》さんがつぶやいたことだろうと思います。


動乱の時代には、英雄の武勇談が熱く語られますが、四海波静かという太平の世には、血なまぐさい話は不似合い。

英雄にかわって世人の喝采《かっさい》を浴びたのが、いわゆる「奇人・変人」であったようです。江戸期には、奇人の奇行を書き留めた随筆があまた残っています。「おかしな奴」「変な奴」とは言いながらも「奇人・変人」というワクの中に封じ込めようという態度は見られず、そこには愛情と、少しばかりの羨望《せんぼう》さえ感じられるのです。

平和と退屈は同居するといいますが、天衣無縫な奇人たちの奇行に、一陣の風にも似た爽快感《そうかいかん》を、味わったのかもしれませんね。

江戸初期に、有馬涼及《ありまりょうきゅう》という医者が、嵯峨野《さがの》で見た桜の大樹を大金を投じて、いざ自宅へ運ばせたら、庭が小さくて木が入らない。涼及は少しもあわてず「よいよい、寝かせておけ」と桜を庭いっぱいに横倒しにしておき、自分は座敷で寝転んで愉《たの》しんだといいます。また、ある時、涼及が、百貫もの高価な茶碗《ちゃわん》を買ったというので友人が見に来た。茶など飲みながら世間話をして、友人は、おずおずと「秘蔵の品でもあろうがぜひ一目……」と切り出すと「なに、あんたが今飲んでるソレじゃよ」と答えたので、友人は色を失って、ただボーゼンとしたとか。

同じように茶人で、京に住む桜木勘十郎という人は「縞好《しまず》き」という点で奇人でした。衣類持ち物は言うに及ばず、家具調度、住居、庭の果てまで縞模様に徹し、人からは「縞の勘十郎」と呼ばれていたそうです。

これらは風流の度を越して奇行となってしまった手合で、「数奇者《すきしゃ》」というほうがピッタリくるようです。

利害に関せぬ、天性の奇人というのもまた、あらわれました。

楽阿弥《らくあみ》という風来僧は、一文無しで街々を説法して歩いていますが、彼の説法が面白いから、思いのほか、喜捨を得て、ずいぶん金持ちになってしまいました。すると楽阿弥は、人を集めて、一晩、大名のような大盤振る舞いをして派手に遊び、翌日からは、また一文無しの僧として街々を歩いたといいます。この人は趣味で貧乏をやっているようです。

こういった愉快な奇人たちの中に世に認められず悲憤の生涯を閉じた学者・平賀源《ひらがげん》内《ない》もまぜられてしまったのは、気の毒としか言いようがありません。一般に江戸の人は源内を「奇人の親玉」のように扱っています。彼の大発明「エレキテル」も見世物の「世紀のショー」としか見なされませんでした。もっとも、源内の後輩にあたる蘭学者・橋本宗吉《そうきち》の考案した「百人嚇《おびえ》」はパフォーマンスとして面白く、見世物じみていることはいなめませんが……。

科学者たちを奇人と呼ぶのは「わけのわからない道に通じている」という点が奇に見えるからでしょう。

幕末の風雲急を告げる時代にも、太平の尻尾《しっぽ》をつけた奇人的剣客が輩出しています。近藤勇《いさみ》の養父・近藤周助は、無類の女好きで「女が見ていないと張り合いがない」と言って、道場に妾《めかけ》を座らせていたといいます。堅物の勇の渋面が目に見えるようではありませんか。

エレキテル実験の錦絵
説明書には
エレキテルは病人の
痛所より火を取る
器械なり
頭痛・歯痛・疝気
その他あらゆる万病に
効ありと書いてある。
もちろん、デタラメである。
通電すると
人形と船が動く
仕掛けらしい
被験者の
オデコから
火花が
出ている
必死にハンドルを回して
静電気を起こしている
豹の皮・洋イス
ヒジョーにゼイタクである
この二人が長袴なのもバカげて仰々しい

おしまいに、五尺竹刀《しない》(当時の通常は三尺三寸)をひっさげて、江戸中の道場を荒らしまくった無敵の剣客・大石進について、子母沢寛《しもざわかん》の一文を引用してみましょう。

「……道場荒らしだのなんのってことで大石を見ると、それぁ感心した奴ではないけれども、とにかく、そんなべら棒な竹刀をかついで物おじもしないで真面目《まじめ》な顔で白昼江戸を練り廻っている姿を想像してみると、ひとりでに噴き出して来るんですよ」

(『露宿洞雑筆』より)

私も、こんな明るい奇人変人なら、大好きです。

橋本宗吉の百人嚇《ひゃくにんおびえ》
隣の部屋でエレキテルのハンドルを回す宗吉
ふすまの引手(銅製)に接続してある
ビリビリッ
途中に金火鉢を置いてあるのも、おもしろいアイデアである。
★隣室で宗吉が発電させると、次の間にいる百人が同時に「びっくり」する。つまり感電するのである。「狐つき」を落とすのに効力があると言われた。

五尺竹刀の大石進
一尺七寸有利
→大石の竹刀
→通常の竹刀
お突き
大石は長身だったのでリーチも加えて大変な威力であった
ぐえっ
ちょい
立ち会ったとたん突きを一本取った。
江戸中の道場がこれに敗れた!!
へへッどんなんでも勝った方がいいや。
★この長竹刀、もちろん竹だから良いのであって真剣ならまるで実用にならなかったのである(重すぎる為)とはいえ、進の登場以降、竹刀は三寸長くなったからやはりスゴイ。

How to ナンパ

頭頂部は青味がかかってたほうが色気がある
髷は いつでも「二日前に床屋へ行ったような」状態を保つのが良い。

眉の薄いのは顔がボンヤリと見えるから、眉墨でクッキリ描くのがよろしい。

頬はスベスベなのが良い。洗顔は日に三度。

ヒゲの剃りあとの青いのは美しくない。ことに鼻と口の間の青いのはひどく田舎じみて見えるから、ヒゲの濃い人は剃るより抜く方が良い。

耳は意外に目立つので念入りにみがき込んでおく
口臭は女のコにきらわれるトップ。うがい・歯みがきはこまめに。

エリアカはことに見苦しいので注意のこと

この頃、男性のお化粧やお洒落《しやれ》に対する関心が高まっているようであります。――カオじゃないよココロだよ、とは長い間言われてきた男性に関する美意識ですが、それでもやっぱり女の子はメンクイです。見目うるわしく、気だての良い殿方であれば、これに越したことはありません。

❀

江戸は本来、武都、すなわち男の都で、当初は女性が大変に少ない所でした。後期には、男女の人口比は解消されましたが、上流階級の男性が複数の女性を独占していたこともあり、一般の間には、生涯独身の男性も少なくありませんでした。そんなわけで、江戸では今以上に熱心に、女心を射止めるための努力がなされていたようで……!?

江戸時代のモテる男の理想像は、為永春水《ためながしゆんすい》描く『春色梅児誉美《しゆんしよくうめごよみ》』シリーズの主人公・丹次郎《たんじろう》でしょう。

丹次郎は良家のお坊チャマで色白の美男、性格はどこまでも優しい。玉にキズは、博愛主義のため、四角関係の、もつれた恋愛問題をひきおこし、三人の女の気をもますことくらいです。

容色も気だても良く、自らは働かない高等遊民なのですから、モテぬはずはありません。

丹次郎には及ばぬまでも、なんとかモテたいと思う人は、特技を身につけます。今でもミュージシャンは女の子のアコガレですが、江戸のころも唄がうまくて三味線の弾ける男の子がモテました。音楽が苦手な人にはモノマネがあります。コンパなどで芸能人のモノマネをする男の子が人気者になりますね。江戸では、もっぱら歌舞伎役者のマネをしました。

意外なのは、筋肉ムキムキのアーノルド・シュワルツェネッガー・タイプが江戸ではモテなかったことです。「人力」が生活エネルギーだった江戸時代は、普通に暮らしていても、男の人にはそうとうの筋肉がついていたし、町には褌《ふんどし》一本で駆け回る肉体労働者も多かったので、ムキムキ肉体美には、さほどの感動もなかったようです。逆に色白のやさ男が希少価値としてもてはやされ、俠気《おとこぎ》が売り物の博徒《ばくと》でさえ、真っ白なキズのない体を自慢にしたといいます（ちなみに、ちゃんとした博徒は刺青《ほりもの》をしなかったそうです）。

こうして男の子たちは特技を習い覚え（こんな素人《しろうと》芸にしても各町内に稽古《けいこ》場ができて、弟子を集めて教えたものです）、その上ファッションセンスや粋《いき》な会話を洒落本（当時の最先端スタイルブック兼風俗小説兼タウン情報誌）で研究しました。

江戸というと、とかく献身的な女性の姿が強調されますが、その女性を獲得するための並々ならぬ努力についてはあまり語られていません。

女性にモテた江戸の男性が、同朋《どうぼう》に授けた極意とは「惚《ほ》れられようとは努々《ゆめゆめ》思うな。嫌われぬことだけに専念せよ」でした。なんとも健気《けなげ》でいじらしい男心です。

お坊チャマの場合
おっとりと構えているところが良い
一見地味な黒づくし
銀ギセル
（無垢のものに限る。これは、いわゆるポルシェのようなスティタスシンボル）
上等な生地であつらえた長目の羽織
全体は黒っぽく、さり気ないが、羽織の裏、羽織ヒモ、裾回し衿・帯、小道具などに輸入物を使う。
有名呉服店で選ぶ
丈が長目の着物

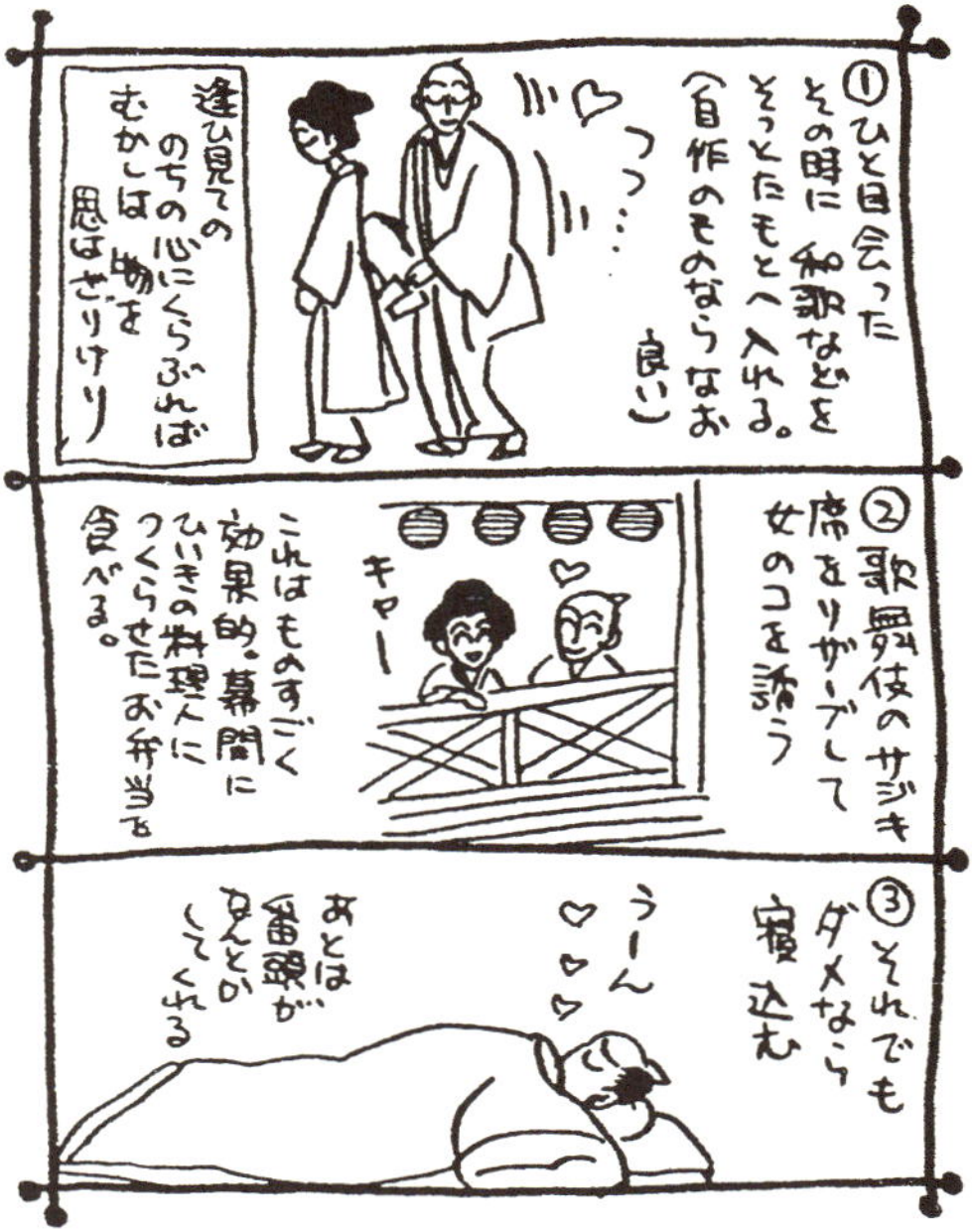
①ひと目会った
その時に 和歌などを
そっとたもとへ入れる。
(自作のものならなお良い)
つつ…
逢ひ見ての
のちの心にくらぶれば
むかしは物を
思はざりけり
②歌舞伎のサジキ
席をリザーブして
女のコを誘う
キャー
これはものすごく
効果的。幕間に
ひいきの料理人に
つくらせたお弁当を
食べる。
③それでも
ダメなら
寝込む
うーん
あとは
番頭が
なんとか
してくれる

一般少年の場合
（お金はかけていなくても清潔感を心がける）
あくまでもさわやかな笑顔が売りもの
はっきりとしたタテ縞を少し身幅をせまく仕立てるとスリムな男前に見える
腕まくり すそまくりなどしてさり気ない色気を演出
下駄はいつも新品のものを

①三味線や唄などを習う。
美声ならばモテること必定！
（粋な恋の唄が良い）
おまえを待ち待ち蚊屋のそと……とくらァ
②両国あたりへ誘い出して楽しく遊ぶ。
（スリリングなものが良い）頼もしいところを見せる
キャー
（ディズニーランドのようなところ）
③それでもダメならば次にかける
ちぇっ
ふて寝

江戸の色男

江戸ッ子の中の江戸ッ子
男一匹
花川戸の助六!!
遊び人の髪型「本多《ほんだ》髷」
額との間にスキマがある
トレード・マーク紫縮緬の鉢巻
これが左側(むかって右)に結ぶと病人のシンボルとなってしまう。助六のは若さの象徴
エリとフンドシは緋縮緬のまっ赤っか!!ハデ
黒羽二重、裏地は赤
黒はツッパリの基本色

江戸中の娘の胸をキュンとさせたイイ男といったら、歌舞伎《かぶき》十八番でお馴染《なじ》み「花川戸《はなかわど》の助六《すけろく》」でしょう。

助六は永遠のツッパリ少年です。ケンカが強くって、純情、意地っ張りで、おシャレ。挙動そのものは、ヤンチャ坊主で手に負えないのだけれど、もひとつ、なんてったって、可愛《かわい》いのです。母性本能が揺さぶられてしまいます。

とはいえ、助六は、いかにも芝居中の人物で、生活感がまるっきりない非日常の男です。

現実にいる男たちの中で、江戸人の選んだ「男の中の男（つまりこれは娘たちだけでなくて男も惚《ほ》れる男）」を「江戸の三男《さんおとこ》」といいました。

さて、それは……!?

「江戸の三男」とは、火消しの頭《かしら》、力士、与力《よりき》の三職のことです。

まず火消しの頭は、町内の顔役です。どんなもめ事も、頭が顔を出しただけで丸く収まるくらいの貫禄《かんろく》です。

命知らずの血気の若者を数百人従えて、火事となれば鬼神の働きをします。信頼の厚さはトビキリです。頭の魅力は侠気《おとこぎ》でしょう。「不器用ですから……」と言う健さんの風情《ふぜい》と相通ずるところがあります。

マメシボリの手ぬぐい
無口で潔癖！
機能美に徹した行動派のファッション
・組頭の革はんてん
組頭
組頭
こまかい縞・格子の無地感覚（実年齢より上に見せる装い）
ストイックな男の魅力

マゲの根が後頭部の位置で（下がっている）
折り返し部分が
すごく小さい
「ヤグラオトシ」
という髪型
力士
気は優しくて
力持ち
スポーツマンは
文句なく
モテる

次の力士は言うまでもないでしょう。待ったナシで闘う勝負師の心意気、ステキに決まってます。おまけに、年に二十日間しか働かないのに、金持ちで気っぷが良く、豪快に遊ぶ。

相撲を女性が見られない時代ですから、力士はより男っぽい職業だったのでしょう。太った体もむしろ富の象徴とうつったようです。

豪放磊落!!
思いっきり華美な柄
ただそこに居るだけで目立つ。どーせ目立つなら徹底する
土俵上の姿が見せ処だから肌は磨きこんでスベスベの人が多かったそうです
純情が売り物

与力《よりき》
●マゲの長さは最長で頭頂部（頭の一番高いところ）。たいていは、それより短い。なぜなら、長いマゲはヤボと嫌ったため。
マゲは細く先は平たくしてある
このへんユルイ
額は他の武士より広く剃っている
ここのラインが生えぎわどおりというのが武士らしい（町人は、たいていまっすぐに剃る）
●探索のため、町人に化ける時など、たいへん便利である。

さて、三男の中で一番面白いなと思うのは与力です。与力は町奉行の配下で同心《どうしん》の上役です。体制側の役人なのに江戸ッ子に愛されるのは、それなりの理由があります。

肩衣は他の武士より幅広に仕立てる
幕末にはこれが羽織となりより一層粋になる
威あって猛けからず
話せる旦那
継裃《つぎかみしも》 肩衣と袴が別布となっている。独特の風俗
ふだん着などは極上の織物をサラリと品良く粋に着こなして町内を歩いてるから実にカッコイイ。「遠山の金さん」のイメージは案外、与力の旦那に近いようであります。
カッチョイー!!

与力・同心は「八丁堀《はっちょうぼり》の旦那《だんな》」の異名のとおり、下町のど真ん中に住んでます。そんなわけで、町人との付合も多く、言葉も「来てみねえ」「そればっかり」「そんななア嫌《きれ》えだよ」なんて町方の言い廻しでしゃべります。だから、「ござる、しからば」の侍言葉に比べれば、とっつきやすいのです。しかも、給料以外に役得と称して副収入がありますから、暮らしは優雅で遊びにも精通しています（与力は、表向きは二百石ですが、その十倍、二十倍くらいの実入りはあったといわれています）。

そして、ビミョーなのは、彼らが罪人を扱う仕事柄、不浄役人と呼ばれて、他の武士からは差別されていたことです。与力などは家格から言えば、将軍に拝謁《はいえつ》できるはずなのに、これがため実際は江戸城にも入れません。

こういった立場が、彼らを身近に感じさせるのでしょうか。

生活は豊かだから、身なりは大名並みに美しいし、それでいて、町人のような髷《まげ》を結って「ちょっと、お前《めえ》、見ねぇ」なんて言ってる……これはやっぱりモテますよ。

美女列伝

寛政八年頃（一七九六）の
歌麿型美女
（ポッピンを吹く女）
天真爛漫な美人です。
眉は太目
つぶらな瞳
頬はふっくら
くちびるぽっちゃり
ポッピン
底部が薄いガラスで息を吸うと「ポコペン」と鳴る。この頃流行った玩具。
あごは丸い
胸はかなり豊か

江戸時代の美人と言うと、誰もが即座に思い浮かべるのが歌麿《うたまろ》の大首絵《おおくびえ》。有名な「ポッピンを吹く女」などの、下ぶくれで、小さい目、もったりとした鼻に、さくらんぼのような唇。ところが、この顔の流行《はや》ったのは、ほんの十年たらず。江戸の二百六十年間を通して、あの顔がモテたわけではありません。

美女は世につれ、世は美女につれ、今も昔も、時代の〝顔〟というものがちゃーんとありました。

男性の理想としての少女清純派の時代に始まり、豊満優美な肉体健康派を経て、幕末の、アブナイ魅力の前衛的美女へと、ドラマチックな変転。では現代は、江戸のどのあたりに似ているのでしょうか⁉

江戸の美女の変遷《へんせん》を、当時のカラーブロマイドともいうべき、錦絵《にしきえ》で追ってみましよう。

初めて登場した美女は、江戸笠森稲荷《かさもりいなり》社前の水茶屋で働くお仙《せん》という娘でした。人気絵師・鈴木春信《はるのぶ》の描く彼女は、抱きしめれば折れそうな手足と、幼さの残る顔の、典型的な清純派のイメージです。原田知世《ともよ》ちゃん、沢口靖子《やすこ》ちゃんなどが、現代ならばこのタイプでしょう。

続いて鳥居清長《とりいきよなが》が九頭身から十頭身という、すらりと背の高い健康美人を描いています。お仙が小鳥のような愛らしさとすれば、こちらは鶴《つる》のようなおおらかさがあります。眉《まゆ》はぐっと濃くなり、妖精《ようせい》のようなはかなさは消え、澄んだ切れ長の目と、愛《あい》嬌《きょう》あふれる口元は、明るくおきゃんな町娘の躍動を伝えます。故夏目雅子《まさこ》さんや、もう少し若いころの松坂慶子さんが、さしずめこのタイプに属するでしょうか。

更に肢体がグラマラスになると歌麿の時代となります。中でも有名なのが、浅草寺の茶屋の難波《なにわ》屋おきた、両国のせんべい屋の娘・高島屋おひさ、芸者の富本豊雛の、いわゆる寛政《かんせい》三美人。

三人の共通項は、おっとりした中にも、見つめる目を見つめ返すような一途《いちず》さがあって、こんな娘と差し向かいで飲んだら、さぞや、お酒がうまかろうと思わせるところです。名取裕子さん、萬田久子さんがこんな感じですか……。

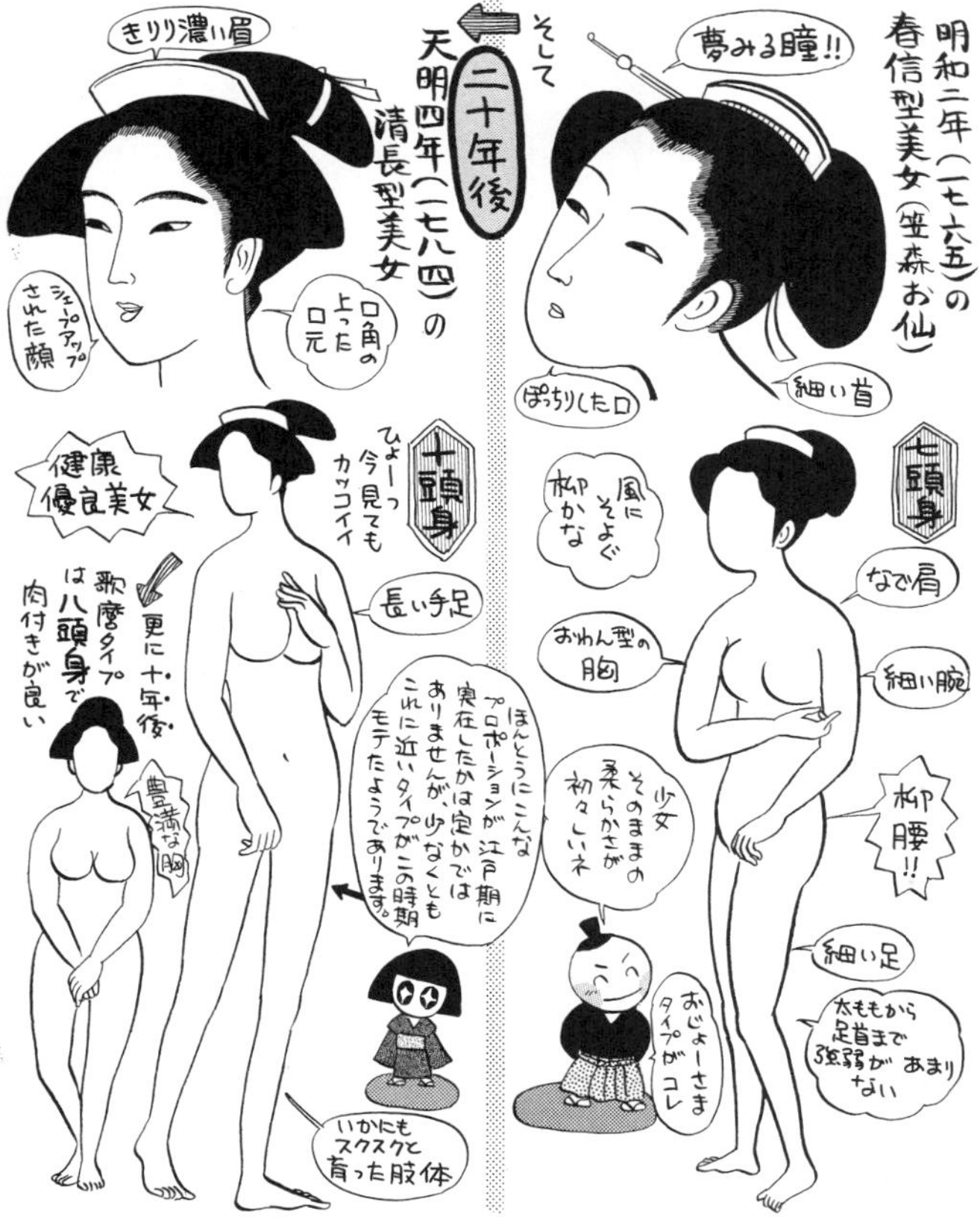
明和二年（一七六五）の
春信型美女（笠森お仙）
夢みる瞳!!
細い首
ぽっちりした口
七頭身
風にそよぐ柳かな
なで肩
おわん型の胸
細い腕
柳腰!!
少女そのままの柔らかさが初々しいネ
細い足
太ももから足首まで強弱があまりない
おじょーさまタイプがコレ
そして
二十年後
天明四年（一七八四）の
清長型美女
きりり濃い眉
口角の上った口元
シェープアップされた顔
十頭身
ひょーっ今見てもカッコイイ
健康優良美女
長い手足
ほんとうにこんなプロポーションが江戸期に実在したかは定かではありませんが、少なくともこれに近いタイプがこの時期モテたようであります。
更に十年後
歌麿タイプは八頭身で肉付きが良い
豊満な胸
いかにもスクスクと育った肢体

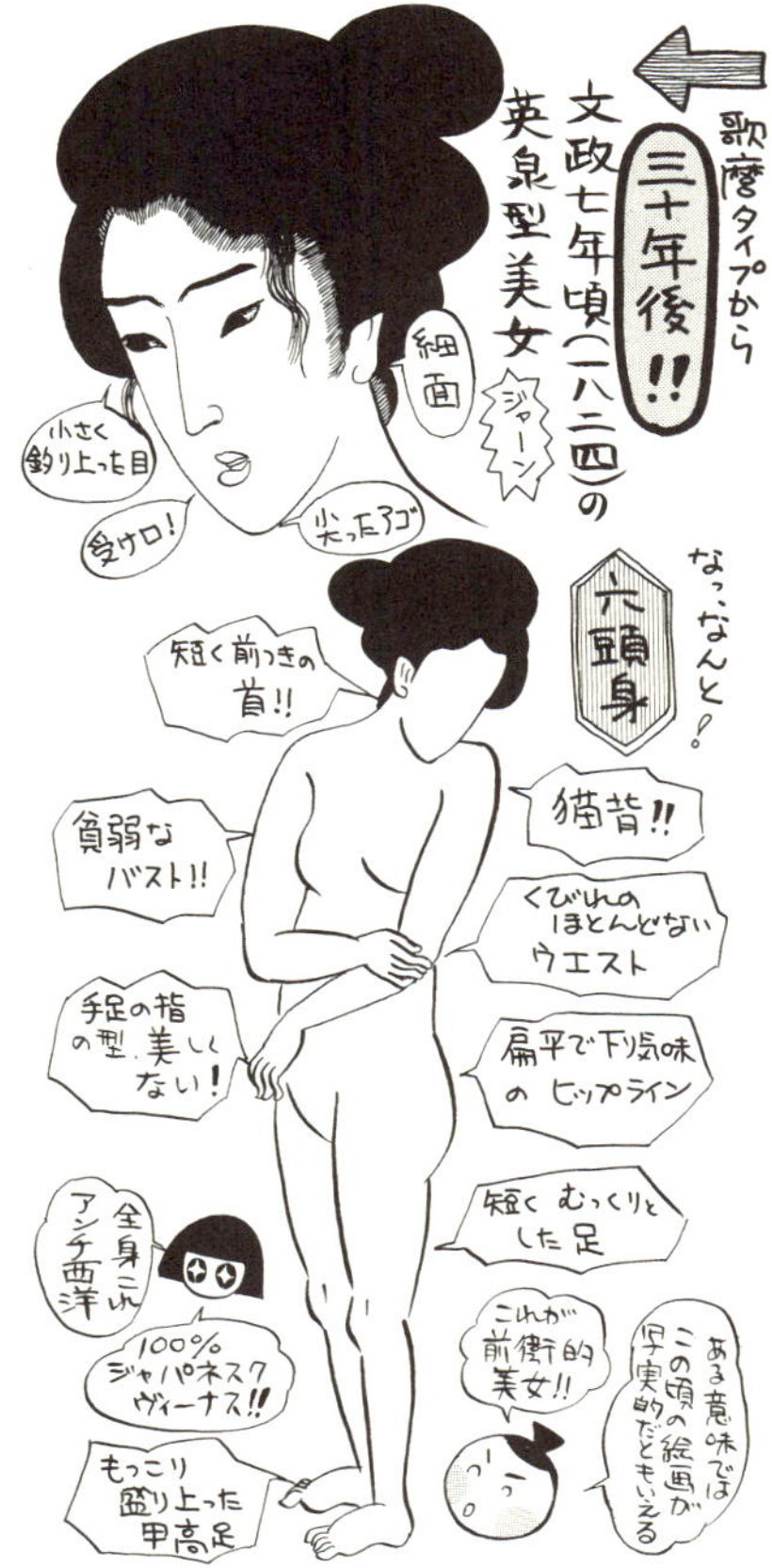

歌麿タイプから
三十年後!!
文政七年頃(一八二四)の
英泉型美女
ジャーン
細面
小さく釣り上った目
受け口!
尖ったアゴ
なっ、なんと!
六頭身
短く前つきの首!!
猫背!!
貧弱なバスト!!
くびれのほとんどないウエスト
手足の指の型、美しくない!
扁平で下り気味のヒップライン
短くむっくりとした足
全身これアンチ西洋
100%ジャパネスクヴィーナス!!
もっこり盛り上った甲高足
これが前衛的美女!!
ある意味ではこの頃の絵画が写実的だともいえる

続いて台頭してくる美女は、退廃派とでもいうのか、一種凄《すご》みが出てきます。渓斎《けいさい》英泉《えいせん》がその姿をとらえていますが、眉根が寄って下唇の突き出た細面《ほそおもて》。姿勢悪く胴長の六頭身に甲高足、指の型悪く、最悪のプロポーション。

ところが、これが渋い小紋を着て、しどけなく帯を結ぶと、ゾッとするほどの色気が出るからフシギです。性格的には刹那《せつな》的で奔放、男とは別次元の生物だと全身で主張しているような感じです。このタイプの人が今一寸《ちよつと》思いつかない。つまりまだまだ平成は元禄《げんろく》の時点で、平成化政までには間があるということでしょう。

ザ・大奥

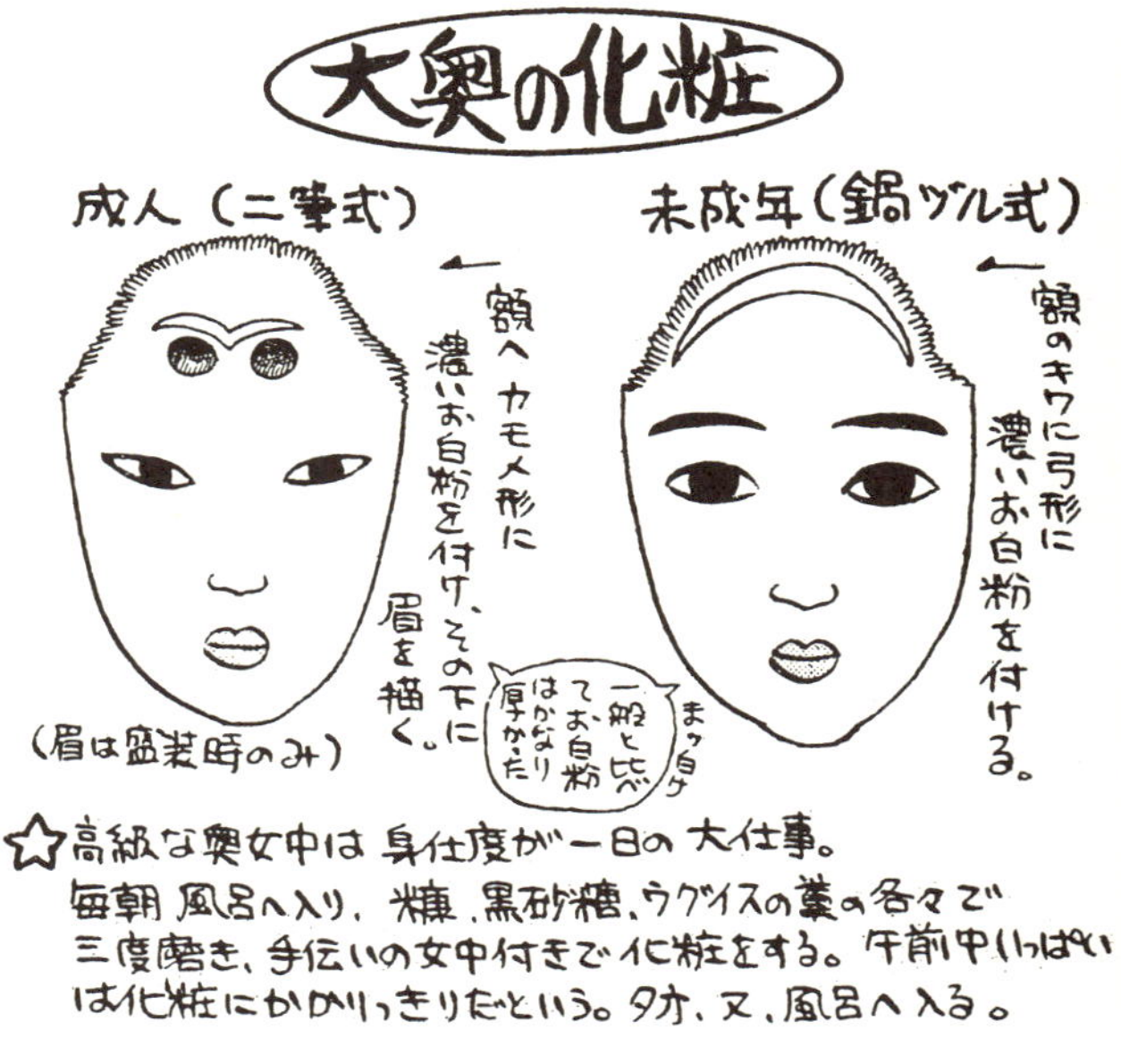
大奥の化粧
成人（二筆式）
未成年（鍋ヅル式）
額へカモメ形に濃いお白粉を付け、その下に眉を描く。
（眉は盛装時のみ）
一般と比べてお白粉はかなり厚かった
まっ白ケ
額のキワに弓形に濃いお白粉を付ける。
☆高級な奥女中は身仕度が一日の大仕事。
毎朝風呂へ入り、糠、黒砂糖、ウグイスの糞の各々で
三度磨き、手伝いの女中付きで化粧をする。午前中いっぱい
は化粧にかかりっきりだという。夕方、又、風呂へ入る。

江戸城大奥というと、すぐに㊙マークや岸田今日子さんの重々しいナレーションを連想してしまいますが、江戸人のイメージする大奥は、それとは一風変わったものでした。

❀

衣食住が事足りると、次に欲しくなるのはステイタスだと言います。裕福な階級の庶民の子女にとってのステイタスは、江戸城大奥に勤めることでした。二、三年の奥勤めを終えた娘は、俗に「御殿下り《ごてんさが》」と呼ばれて珍重され、方々から良縁が殺到しました。奥勤めは江戸城に限らず、諸大名の家中や旗本衆《はたもと》にもあり、それぞれが今日の女子短大のような感覚で受け入れられていました。中でも江戸城といえば超名門。ハクをつけるには無敵の嫁入り道具でした。

武家の奥向《おくむき》（奥方の居るところ。公務を執る表向《おもてむき》に対してこう呼んだ）では、原則として家臣の子女を登用することになっていますが、御目見得《おめみえ》以下（殿様、奥方に拝《はい》謁《えつ》できない身分）の軽い役職には、一般子女からの採用もありました。

どこの奥向でも良ければ、いくらでも採用口がありましたが、ステイタスとなりうる大大名や江戸城となると競争率も高く、入り込むのは至難のワザでした。

大奥というと、とかくハーレムのイメージが強いので、美女でさえあれば最優先に入れるかといえば、まったくそうではありません。一般子女は初めから「御目見得以下クラス」の欠員へ採用されるのですから、どんな美貌《びぼう》も将軍のお目にとまる機会は永遠になく（それほど大奥は広い）、宝の持ち腐れとなるばかりか、ヘタに同僚のねたみを買いかねません。

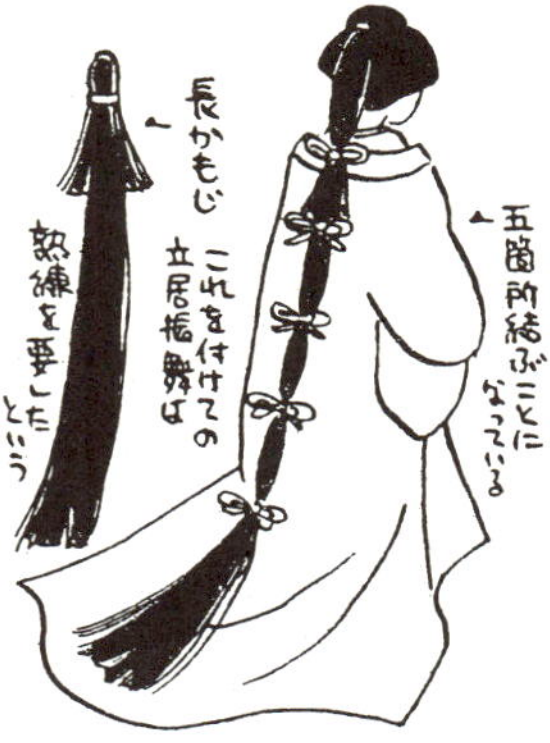
五箇所結ぶことになっている
長かもじ
これを付けての立居振舞は熟練を要したという
中臈（高級女中）の式日の時の髪型。
オスベラカシと言う。

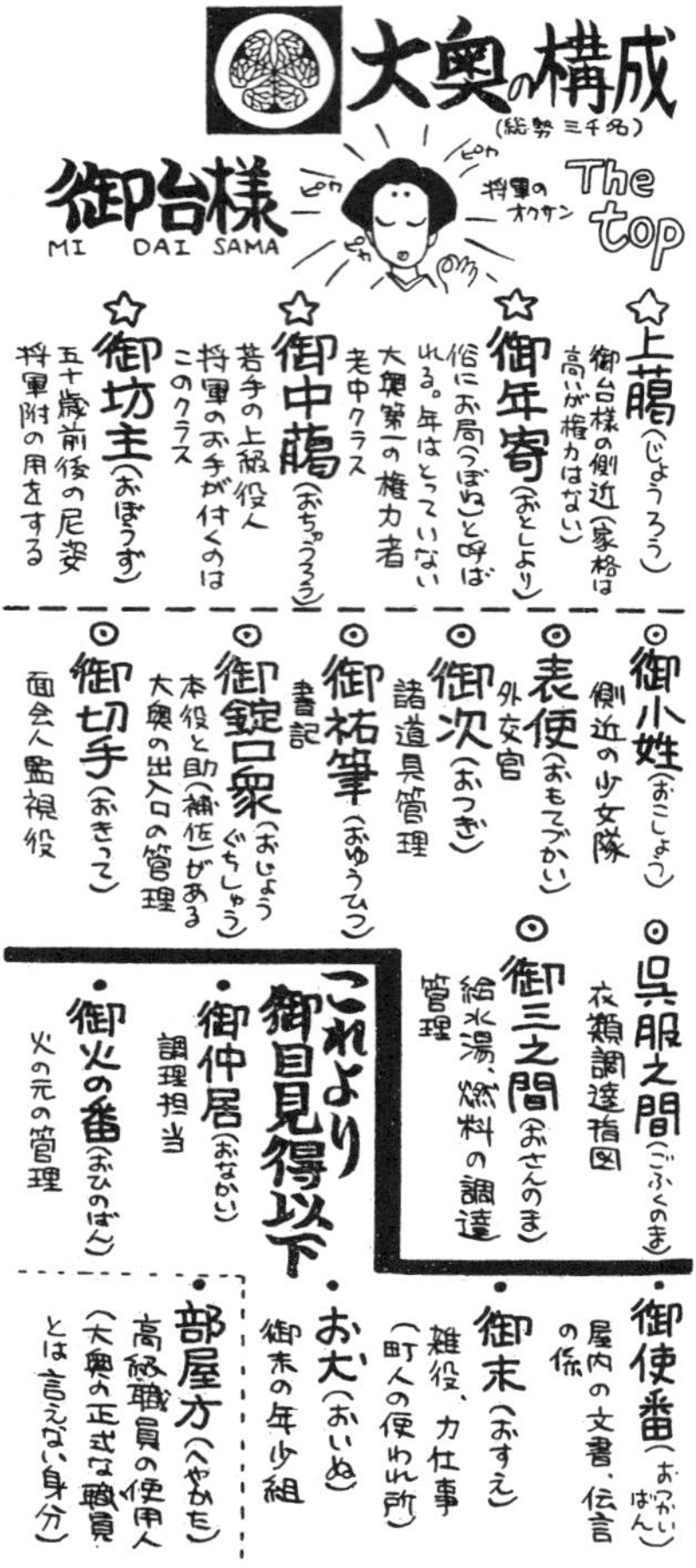
大奥の構成
(総勢三千名)
御台様
MI DAI SAMA
将軍のオクサン
The top
☆上臈(じょうろう)
御台様の側近(家格は高いが権力はない)
☆御年寄(おとしより)
俗にお局(つぼね)と呼ばれる。年はとっていない
大奥第一の権力者
老中クラス
☆御中臈(おちゅうろう)
若手の上級役人
将軍のお手が付くのはこのクラス
☆御坊主(おぼうず)
五十歳前後の尼姿
将軍附の用をする
◎御小姓(おこしょう)
側近の少女隊
◎表使(おもてづかい)
外交官
◎御次(おつぎ)
諸道具管理
◎御祐筆(おゆうひつ)
書記
◎御錠口衆(おじょうぐちしゅう)
本役と助(補佐)がある
大奥の出入口の管理
◎御切手(おきって)
面会人監視役
◎呉服之間(ごふくのま)
衣類調達指図
◎御三之間(おさんのま)
給水湯、燃料の調達
管理
これより御目見得以下
・御仲居(おなかい)
調理担当
・御火の番(おひのばん)
火の元の管理
・御使番(おつかいばん)
屋内の文書、伝言の係
・御末(おすえ)
雑役、力仕事
(町人の使われ所)
・お犬(おいぬ)
御末の年少組
・部屋方(へやかた)
高級職員の使用人
(大奥の正式な職員とは言えない身分)

大奥へは一にも二にもコネです。このコネをつけるために多額の裏金をつかいました。そして、次の特殊技能です。唄、踊り、習字など、町方で習うものはなかなか奥女中の口に合うものではありません（武家にはそれぞれ御家《おいえ》流という流儀があり、それに合致しなければ用をなさない）から、町人娘の唯一《ゆいいつ》の売りとしては、モウ体力しかありません。

大奥の女性は根本的に深窓育ちですから、何か重いものを運ばねばならなくなった時の要員がいつも不足しています。ことに、奥方やお局《つぼね》は玄関へ行くにも廊下を乗り物（かご）で行きますから、体ががっちりして力のある娘は、ほぼ間違いなく採用されました。悲願待望の江戸城大奥に入ることができても、かごかきや井戸汲《く》みなどの人足仕事の明け暮れで、ひとつも優雅なことはありません。それでも宿下りといって卒業してしまえば、立派な「元御殿女中」として通るのです。門前の小僧の何とやらで、小笠原《おがさわら》流の行儀作法も御殿言葉も見よう見まねでこなすようになりますから、大奥をうかがい知ることのできない庶民には、そういう物腰がたいへんまぶしく、ありがたいもののように見えたようです。

大奥七不思議
一、お犬
「お犬」というのは子供の雑用係の役名。ナント大奥の残り物を食べるから、コウ名付けたという。ヒデ〜〜〜!
大奥内に日夜出没しては食べ物をねだる
クンクン
プル
プル
二、宇治の間
幽霊が出ると評判の「開かずの間」。一説には五代将軍綱吉が夫人に殺害された部屋という。名の由来は襖に描かれた宇治の茶摘みの図による。無用の間としてふだん何にも使われなかったが、火災で焼失すると、又、もとどおり同じ場所に同じ襖絵を描き再建されている。幕末まであった。
三、一代一箇所のトイレ
御台様のトイレは一代限り一箇所として造られる。非常に深く掘り、一生の間、汲み取らず、最後は埋めてしまう。
オーイ
見られてマズイものはみんなここに捨てられたという。
クッサー
四、男性の紛失
火事などの非常時に、救出の為に大奥へ飛び込んだ武士が時折行方不明となり、焼死体等一切発見されない。最大の紛失は明暦大火の時の、甲斐谷村城主一万八千石の秋元越中守。一国の大名さえなくなってしまうブラックホール。
五、後向きのかごかき
御台様や御年寄は大奥内でも乗物を使うが、その時、貴人に尻を向けないように、先をかつぐ者は後向きになってにじり歩いた。大奥特有。

女は体力!

採用!
六、お清《きよ》の中臈
将軍のお手の付かない中臈を大奥では「お清の方」と呼び、お手の付いた中臈を「汚い方」と呼んだ。これではなんだか将軍がバイキンのようである。
プーン
後 使用
前 使用
七、四人一室
将軍が大奥に泊るのは忌日以外の日で、月の内半分くらい。同衾時には非番の同僚と御坊主の二人が左右に御添寝をするしきたりとなっている。次の間には寝ずの番の御小姓衆が数名ひかえている。添寝の二人は翌朝、御年寄に昨夜の委細を報告しなければならない。
中臈
当番
将軍
坊主(女)
特別ドキュメント!! そこが知りたい
大奥㊙物語
※必ず岸田今日子さんの口調で
お中臈などはご自分の右手は上々の御用をする大切な手だからと申して ふだんはお袖の内へしまってお使いにならなかったものでございます
そして御台様がお手水《トイレ》へあそばす時は、いつでも内までお供申しあげ
御台さま
かの右手を用いお拭きになったのでございます……
おわり

将軍の一日

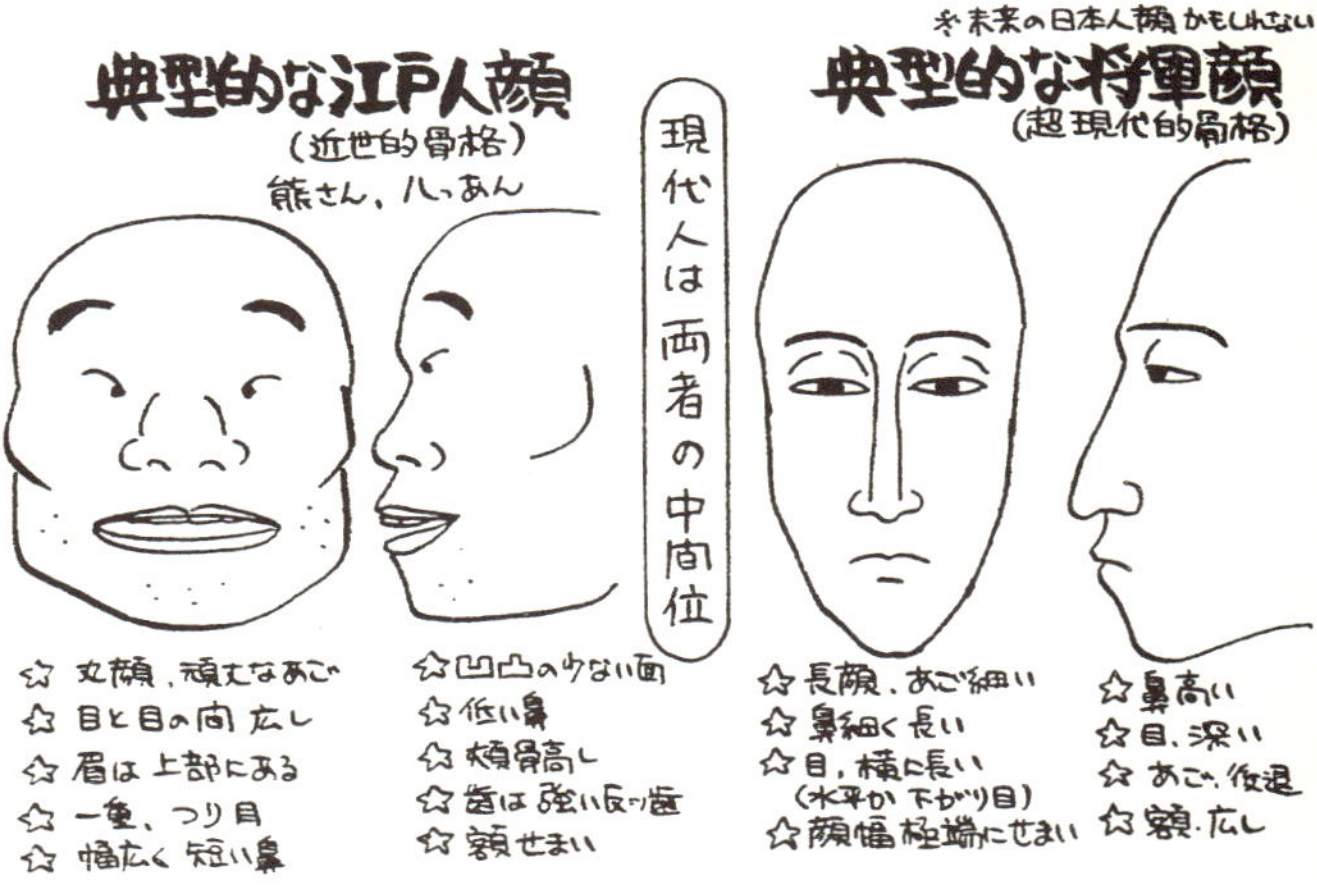

典型的な江戸人顔
(近世的骨格)
熊さん、八っあん
現代人は両者の中間位
※未来の日本人顔かもしれない
典型的な将軍顔
(超現代的骨格)
☆丸顔、頑丈なあご
☆目と目の間広し
☆眉は上部にある
☆一重、つり目
☆幅広く短い鼻
☆凹凸の少ない面
☆低い鼻
☆頬骨高し
☆歯は強い反っ歯
☆額せまい
☆長顔、あご細い
☆鼻細く長い
☆目、横に長い
(水平か下がり目)
☆顔幅極端にせまい
☆鼻高い
☆目、深い
☆あご、後退
☆額、広し

ぜいたくでワガママで何不自由ない生活のことを、俗に「殿さま暮らし」と言います。「殿さま暮らしをしてみたい」というのは庶民の夢でありました。それでは、これら殿さまの総大将である将軍の生活はどんなものだったのでしょうか。「殿さま暮らし」が夢ならば「将軍暮らし」は夢のまた夢、栄華の極みと考えるのが順当です。とは言うものの、大名・将軍の営中《えいちゅう》などは庶民には知れようはずもなく、「殿さま気分」は二百六十年間の庶民のイメージの結晶にすぎません。

今なればこそ覗《のぞ》き見できる「知られざる世界」、これぞ我ら後世人の特権です。さて、江戸人たちの知らなかった将軍の生活とは……!?

❀

将軍職は年中無休。

朝六時起床。身仕度の後、仏壇に拝礼、大奥の奥方にも挨拶《あいさつ》して自室へ戻り一人で

将軍の一日
スペシャルバージョン
START
起床 6:00
?
もう〜〜
小姓が「もう〜〜」と言って起こしに来る。これは「もう お目覚めでござる」の略
6:30 身仕度
はみがき 洗顔はふとんの上で済ます。
将軍は突っ立ったまま何もしないで着替える
7:00 仏壇
ナム…
7:30 挨拶
将軍が大奥に泊った場合であっても、将軍の居間から奥方の居間まで700m近くある。中奥泊りならもっとずっと遠くなる。
オハヨ!
8:00 朝食
(同時進行で 頭、顔剃り、髪結い 健康診断がされる)
☆将軍に限らず、殿さまが食事中にごはんをこぼしたら、必ず本人が拾って食べた。これは領民の米作りの苦労を忘れないようにと、幼時から教育されたため。なんともケナゲである。
ハッシ
8:30 神棚
パン パン
9:00 学問
学問、思想の最前線をたたき込まれた
課目：四書、五経 兵法書、史書、経世の書 漢詩、和歌、習字 そして精神訓話
12:00 昼食
13:00 政務
てきぱきと処理しないと残業になる
小姓が文書を次々に読みあげる
老中
← 山積みの未決文書
16:00 武技
(弓、剣、薙刀 槍、馬、水泳)
徳川家では、ことに柳生流の剣は厳しく仕込まれた。柳生流の稽古は実戦本位で激しかったという。将軍相手といえど手かげんなしにシゴイた。
きえーッ
18:00 入浴
本人は何もしない
19:00 夕食
お酒は、強いなければ相伴するものもないのでつまらない
← 小姓2人
21:00 残業
就寝
☆この規範的な将軍の日課を実践したと伝えられる十四代家茂は、即位の八年後、二十一才で病没している。心身の過労が原因と言われる。他の将軍は適度にサボっていたらしいが、それでも平均寿命は四十九才とふるわない
☆将軍のトイレにも小姓が三人随行したが奥方とはちがって、お尻は自分で拭いた

朝食。おかずは梅干や煮豆、焼き味噌《みそ》などの一汁二菜。食事中に小姓が顔と頭を剃《そ》る。その時、将軍の肌へ手を触れないように、空中をすべらすように剃り上げる。少しでも表情を変えると小姓がそのためにキンチョーして手元が狂うので、無表情を保ちモクモクと食べる。そこに内科医が六人、二人ずつ三回近づいて来て、左右から脈をとったり舌を見たり、肌着の上から触診したりする。同時に次の小姓が髪を結い上げる。終わったら神棚を拝し、それから学問。当代一流の学者がマンツーマンで講義する。

十二時に昼食。朝と同程度の一汁二菜。急用の政務があれば昼食抜きになる。書類にはサイン、捺印《なついん》をする。疑問点があれば、記載者を呼んで問いただす。政務は夕方まで。

それから武技。一軍の将として、武芸十八般は各兵法者からミッチリたたき込まれる。一汗かいて入浴。二、三人の小姓が、骨とう品を羽ぼうきで撫《な》でるようにヤワヤワと洗う。

浴後夕食。ちょっとした煮物や焼き魚が加わる程度。飯は水洗いした米を湯で煮上げ、笊《ざる》で掬《すく》って蒸したパサパサのオカラ状のもの。魚類も入念に水洗いして脂《あぶら》を抜き去ったデガラシ状のもの。酒は将軍専用の御前酒という赤くて臭気のある古酒。その上、将軍家には代々血縁の忌日《きにち》が多く、月の大半は精進日《しょうじんび》で魚介酒類はダメ。蛋白質《たんぱくしつ》、

料理ができあがってから
将軍の口へ入るまで
それは2時間のドラマだった……
START 0:00
50人以上の台所役人(男)の手を経て、10人分の料理ができあがる
ほかほか
この時点がいちばん オイシイ状態
0:10 2人の役人が
1人分の膳を慎重に味わって毒味
そのまましばらく待って毒のないのを確認
0:40 長い長い御廊下を運搬
しずしずしず
長い距離をシズシズ歩くのでずい分手間がかかる
☆残り9人分
0:50 すっかり冷えたので再び炭火であたためなおす
*炭火だから十分にあたためられず、表面が乾いて香りがとぶばかり
1:00 知らせを受けて女役人が再度毒味をする(1人分)
1:30 盛り付けの再点検
(8人分)
ゴミなどもチェック!!
この時はふたたび冷えている
人数分が多いのは、どの膳を将軍が食べるのか、直前までわからなくするため
1:40 長い長い御廊下を運搬
ゾロゾロ
1:50 将軍の座敷へ到着
下座にいる小姓2人が先に箸をつける。それからややあって
じー!
パク
2:00 将軍パクリ!!
*残り五人分は役人が食べた

脂肪分の極端に少ない低カロリー低栄養素の食事となる。好き嫌いは厳禁。食べ残すと医者が飛んで来たり料理役人が叱責《しっせき》されたりする。食後、政務が残っていれば処理する。学者から課題が出されていれば徹夜にもなる。ふだんは自室で就寝。大奥泊まりは忌日以外の数日のみ。側《そば》には二十四時間離れず二〜四人の小姓が付く。小姓は二時間（一時間とも）交替なので、気が合っても長く過ごせない。

前夜の就寝時間にかかわらず、翌朝は六時起床。将軍の「ア・ハード・デイズ・ナイト」である。

第二章——初級編

長屋の生活

左官
長屋
NAGAYA
い
居住性を極めた木造住宅
● 人と街とが一体化した 先進の住環境が軽快なフットワークを約束します!!
● コミュニケーションを重視したぬくもりの住まい!!

東京は、全国で最も「賃貸住宅利用者」の多い地区なのだそうです。つまり、最も持ち家の所有率の低い地区でもあるわけですが、坪単価数億円という都心の地価を思いあわせれば無理からぬことです。善良な市民が庭付き一戸建てを所有しようとしたら、都心から二時間は離れなくてはなりません。すなわちそこは、都下近県となります。

一方、おおよその目安として、3LDKの分譲マンションなら環状八号線の外側に、2DKの賃貸なら山手線の三キロ以上外側に求めることができ、それよりも都心はワンルーム賃貸の地域となるようです。

江戸ッ子と呼ばれる江戸市民の八割は、このワンルーム派でした。

江戸のワンルーム、別名「九尺二間の裏長屋」は、東京のアーバン・ライフの原点です。

　郊外の大家族型住宅では、家の内部に家長を核とした生活空間が形作られていますが、長屋の生活は外へ向かって開かれており、街全体が住人すべてにとってのひとつの居住空間となっています。郊外に暮らす人は家に住み、都心に暮らす人は街に住む、そういう違いです。家というよりはコックピットのようなものと考えたほうがよさそうです。

●家賃　400文　6,000円
●米代　1日8合として36kg
19,440円
（これは1日3食として、1食につき夫が3杯妻が2杯、子供が1杯ずつ食べる量）
●湯銭　1回3人20文（毎日入って）
9,000円
●光熱費　300文　4,500円
●おかず代　1日40文として
18,000円
（24文もあれば鮪《まぐろ》の切身が大人3人で食べきれないほど買える小蛤《はまぐり》が1升20文、納豆が丼に山盛りで8文）
●床屋　1回24文（4回行くとして）
1,440円

支出計　58,380円
収入　80,000円
残高　21,620円
交際費、雑費に回す

長屋では、親子三人が一か月一両あればひもじい思いをしないで暮らせました。棒《ぼ》手《て》振《ふ》りと呼ばれる零細商人でも一日四、五百文の稼ぎがありました。一両を六千文として、約十～十五日間働けばひと月分の生活費がまかなえることになります。わかりやすくするために、あえて一両を約八万円に換算（これは米十キロを約五千四百円としたもの）して、一か月の生活費の内訳を見てみましょう。

このように、一食三杯、おかずに特大切身を添え、毎日銭湯へ入り、週に一度は床屋へ行き、少々の寝酒だって飲める、という生活ができました。親子三人でコウですから、独身者なら、月に六、七日も働けばよいのですが、実際は長屋の中で空《す》きっ腹を抱えてゴロゴロしているナマケ者が多かったようです。長屋の壁は薄く、隣の物音ばかりか、おかずの匂《にお》いまで筒抜けです。「椀《わん》と箸《はし》を持って来やれと壁をぶち」という古川柳からは、長屋独特の人情が香ります。曰《いわ》く、狭いながらも楽しい長屋。

開放的な
玄関
機能的な
キッチン
かまど
床下収納庫
流し
ひざ置き台
土間
表通り
表店
木戸
表店
表店
表店
木戸
表通り
明るい
トイレ
笑顔のはずむ
井戸端
ゴミ
♪都会のまん中♪
商店街が隣接
買物至便、独身者
小家族に最適!!
♪江戸城がすぐそこ♪

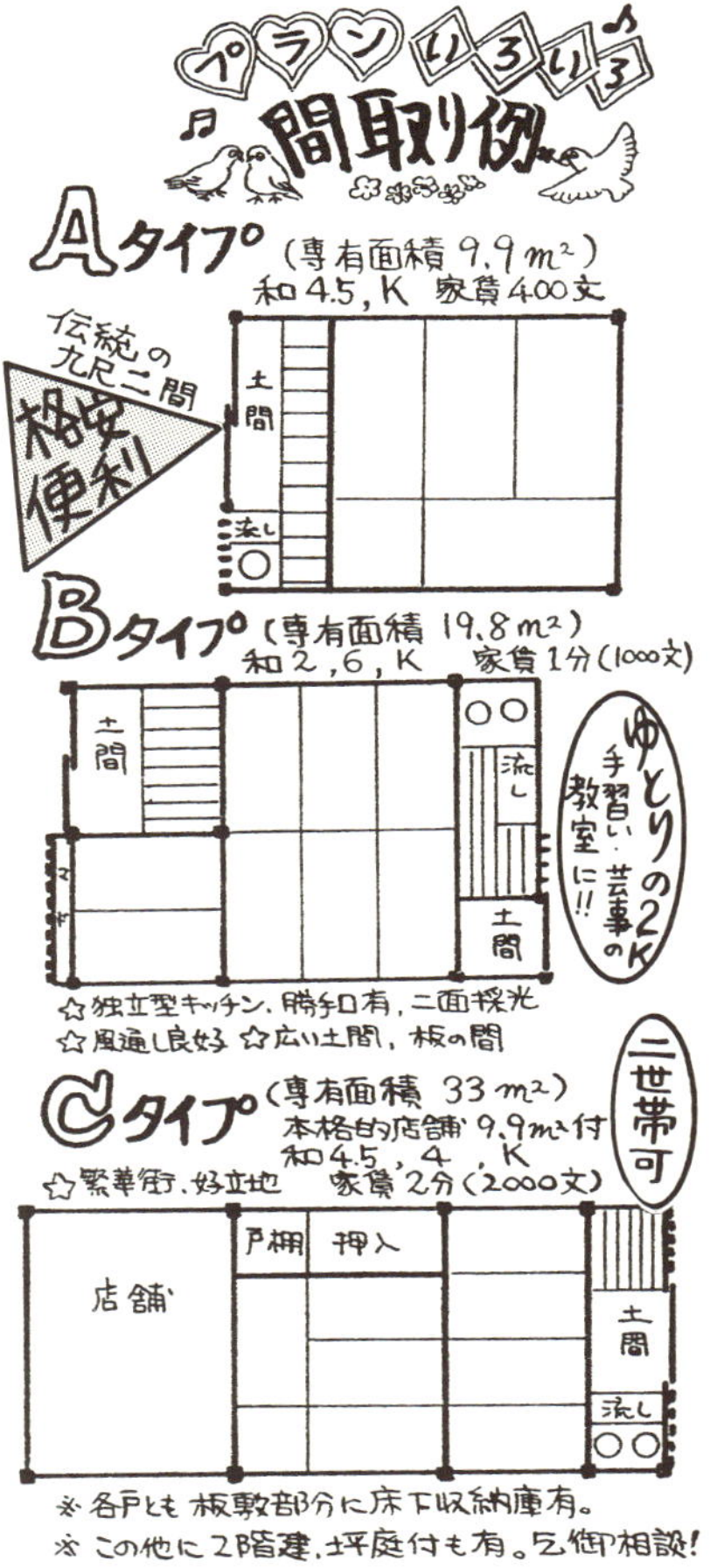

プランいろいろ
間取り例
Aタイプ (専有面積 9.9㎡)
和4.5, K 家賃400文
伝統の九尺二間
格安便利
土間
流し
Bタイプ (専有面積 19.8㎡)
和2, 6, K 家賃1分(1000文)
土間
流し
土間
ゆとりの2K
手習い・芸事の教室に!!
☆独立型キッチン、勝手口有、二面採光
☆風通し良好 ☆広い土間、板の間
Cタイプ (専有面積 33㎡)
本格的店舗 9.9㎡付
和4.5, 4, K
☆繁華街、好立地 家賃2分(2000文)
二世帯可
戸棚 押入
店舗
土間
流し
※各戸とも板敷部分に床下収納庫有。
※この他に2階建、坪庭付も有。乞御相談!

浮世風呂

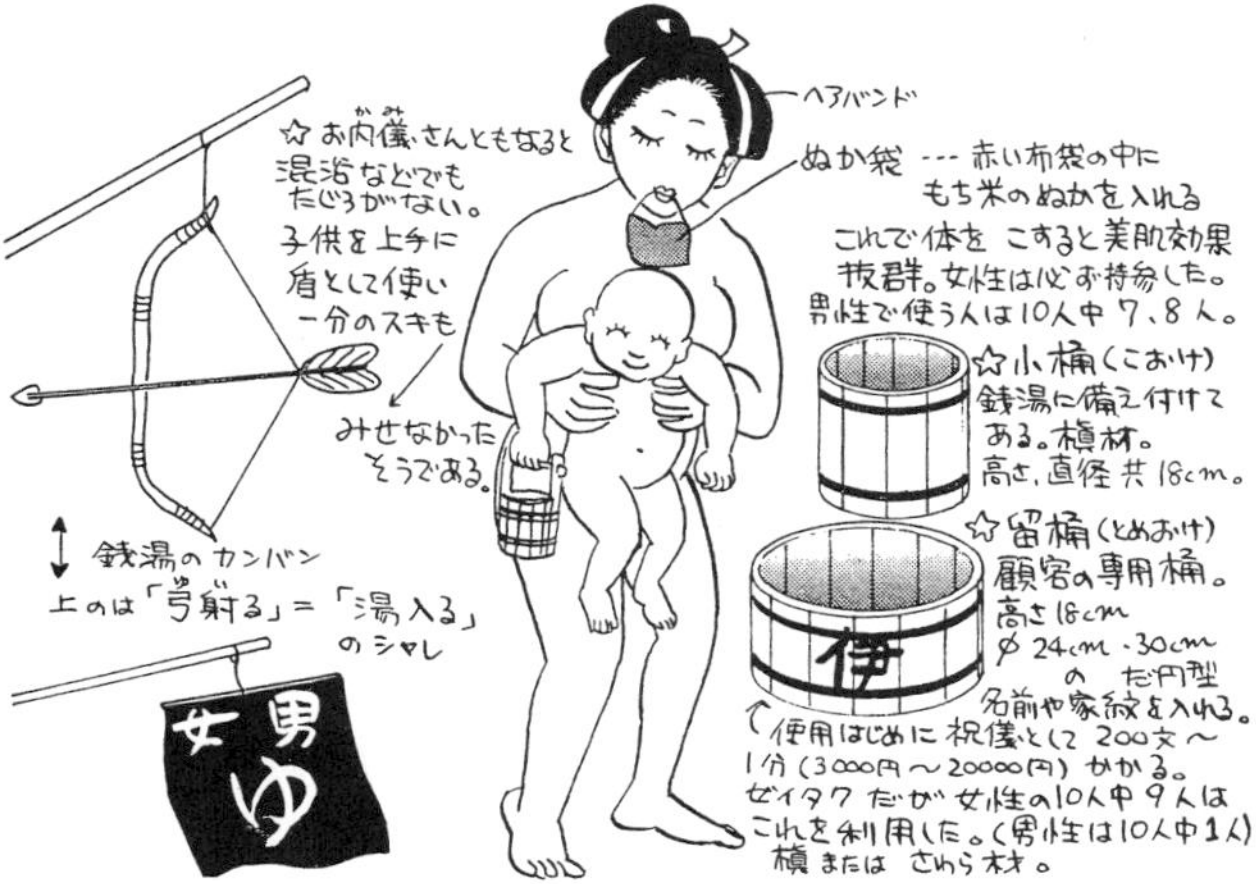

☆お内儀《かみ》さんともなると
混浴などでも
たじろがない。
子供を上手に
盾として使い
一分のスキも
みせなかった
そうである。
ヘアバンド
ぬか袋 --- 赤い布袋の中に
もち米のぬかを入れる
これで体を こすると美肌効果
抜群。女性は必ず持参した。
男性で使う人は10人中 7、8人。
☆小桶(こおけ)
銭湯に備え付けてある。槙材。
高さ、直径共 18cm。
☆留桶(とめおけ)
顧客の専用桶。
高さ18cm
φ 24cm・30cm の だ円型
名前や家紋を入れる。
使用はじめに祝儀として 200文〜
1分(3000円〜20000円) かかる。
ゼイタクだが女性の10人中9人は
これを利用した。(男性は10人中1人)
槙 または さわら材。
伊
銭湯のカンバン
上のは「弓射る」=「湯入る」
のシャレ
女 男
ゆ

日本人は総体、入浴好きと言われていますが、なかでも江戸ッ子の風呂好きときたらケタ違いでした。

最低でも、朝の仕事前、夕の仕事後の二回は入ります。一日に四、五回入るなんてのはザラです。

これは、江戸ッ子が清潔好きというよりは、気候風土に原因がありそうです。湿潤な気候だから肌はベタつきがち、そこへ関東名物の「砂ぼこり」が見舞うわけですから、ひと風吹けば、たちまち人間キナコ餅《もち》の一丁あがりです。これでは誰だって沐浴《もくよく》せずにいられません。

過度の入浴により、江戸ッ子の肌はいつでも脂《あぶら》ッ気がなくてパサパサしていたそうです。これを「垢抜《あかぬ》けした」とか言って粋《いき》がりました。

江戸では水や燃料が貴重でもあり、火の用心が厳しかったことから、浴室を持つ家が稀《まれ》で、ほとんどの江戸市民が銭湯を利用していました。

営業時間は（季節によって多少違いますが）朝八時から夜八時、湯銭は平均して大人八文（約百二十円）、子供五文（約七十五円）でした。

日に何度も飛び込む人は「羽書」というフリーパスを利用しました。これは一か月有効で、大人一人百四十八文、何回でも入浴でき、大変お得でした。

当時の銭湯は全国的に混浴で、江戸もソウでしたが、寛政《かんせい》三年（一七九一）に硬派の執政・松平定信《まつだいらさだのぶ》がこれを禁じ、男湯と女湯が分けられました。その時、男湯の二階に、女湯の洗い場がのぞける格子《こうし》窓を備え付けた銭湯が流行《はや》ったそうです。その後、また混浴が復活してきて、天保《てんぽう》十二年（一八四一）、再び硬派の水野忠邦《ただくに》により禁じられています。が、やっぱり懲《こ》りずに混浴となり、明治二年（一八六九）、新政府の厳重な取り締まりにより根絶されました。この間、江戸以外の地方では禁令が行き届かず、長閑《のどか》な混浴が続いていました。

混浴といっても、実際は思うほどのことはなかったそうで、幕末の古老の談話によれば、湯槽《ゆぶね》はまっ暗、洗い場は湯気モウモウで人形《ひとがた》がやっと識別できるくらいだし、もし間違ってどこかのお内儀《かみ》の尻《しり》に指先でも触れようものなら、脳天から怒声と水を

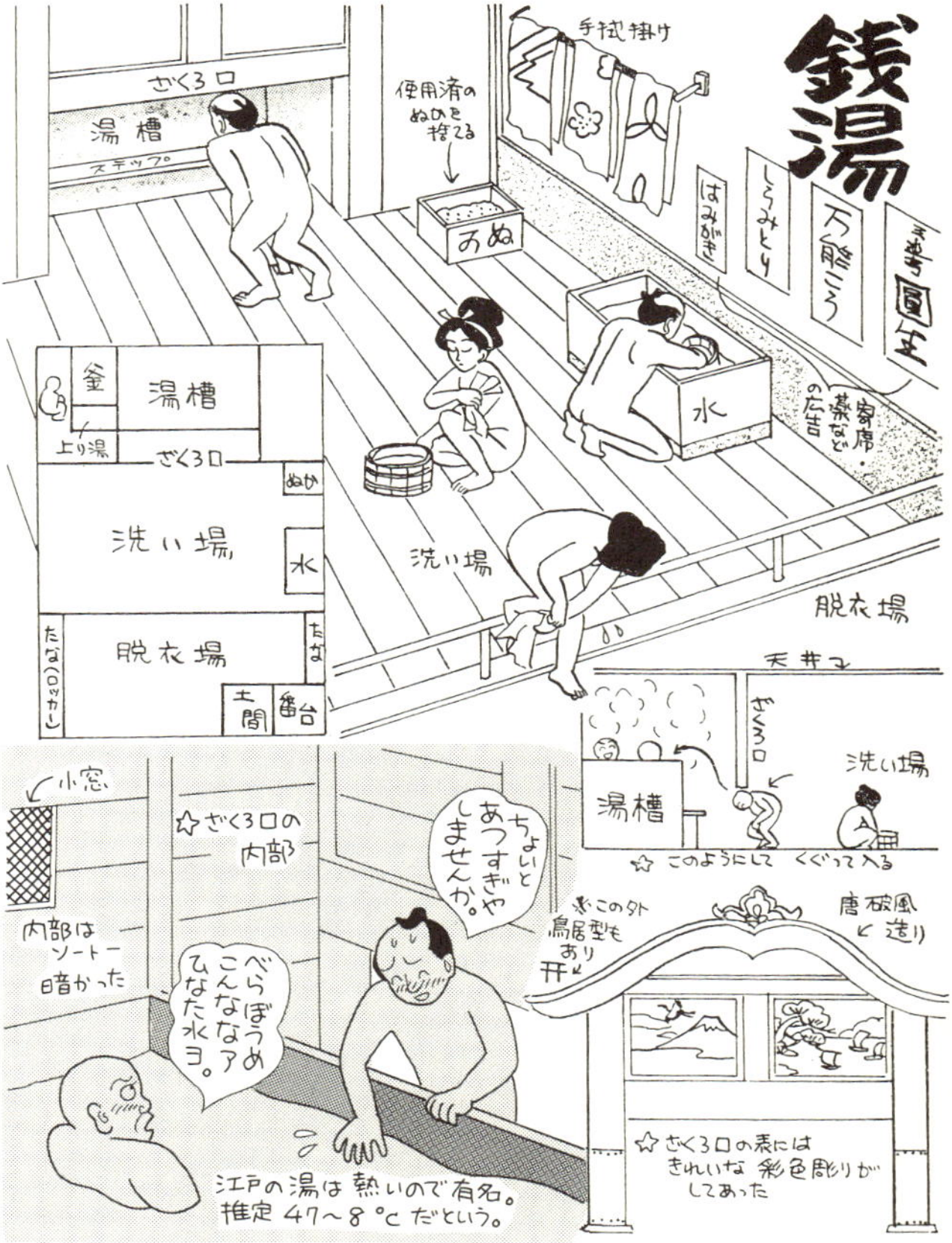
銭湯
手拭掛け
ざくろ口
湯槽
ステップ
使用済のぬかを捨てる
ぬか
はみがき
しらみとり
万能こう
寄席・薬などの広告
水
洗い場
脱衣場
釜
湯槽
上り湯
ざくろ口
ぬか
洗い場
水
たな(ロッカー)
脱衣場
たな
土間
番台
天井
ざくろ口
洗い場
湯槽
☆このようにして　くぐって入る
小窓
☆ざくろ口の内部
内部はソートー暗かった
ちょいとあつすぎやしませんか。
べらぼうめこんななアひなた水ヨ。
江戸の湯は熱いので有名。推定47〜8℃だという。
☆この外鳥居型もあり
唐破風造り
☆ざくろ口の表にはきれいな彩色彫りがしてあった

ブッ掛けられるのが必至だったそうです。若い娘などは、常に母親か婆やにガードされていて近づけず、目が合うだけでも痴漢呼ばわりされかねないからキンチョーしたそうです。

時折、銭湯が見合いの席に利用されることもあり、両人とも隠しだてのない裸一貫、良心的と言えます。

このころの銭湯の風俗として今にないことは、男性の除毛です。各銭湯には男性用の毛抜きと毛切りが備え付けてありました。これは、江戸ッ子のトレードマークである尻《しり》ッ端折《ぱしょ》りをした時に、褌《ふんどし》からヘアのはみ出すのを嫌ったためなのだそうです。昨今の若い女性のハイレグ水着の流行と思い合わせると面白いことです。

江戸の

銭湯のジョーシキ

☆ざくろ口は、湯気をわざとこもらせて、湯浴と共に気浴をも楽しむため、設けたものですが、これのせいで内部が暗く、先に入っている人と接触する場合が多かったので一言断ってから入りました。

①

べつに植木が入って来るわけではない。枝とは手足のこと。

②

人名にはあらず。「冷え物」、つまり私の冷えた体があなたのあたたまったお体にさわったらごめんなさいよ、という意味。

← こう答えた人もあったそうだ。

③

江戸ッ子でもコウ言った。不慣れだから無礼があってもごめんなさいという意味。

☆入口近くの湯に入っていると、イキナリ イチモツが顔にぶつかることさえあったそうな

(ざくろ口は明治12年に「不衛生」を理由に廃止された)

夏の過ごし方

お金持ちは芸者衆をあげてにぎにぎしく舟遊びを…
庶民は橋の上で川風を楽しむ。夕立 さえなければ青天井もすがすがしい…

さあ夏です。バカンスの季節です。でも、扇風機もクーラーもなかった江戸時代、「夏の暑いさかりに、汗水たらして働くなんざ野暮だなァ」と江戸人たちは思っていました。

江戸の町の中で「思うままに休みがとれない」のは、武士（公務員）と、大店《おおだな》の奉公人（一流企業のサラリーマン）だけで、その他大半の江戸人は、いわば社長兼販売員という自営業でしたから「暑いからパァーッと休んじまって、秋の涼しくなった時分に一気に取りかえしゃあいいや」てなこともできました。

秋に頑張るのはよいとして、もとが「宵越しの銭は持たねえ」という蓄えのないのが身上の江戸ッ子。

さて、ドウスルのでしょうか……。

夏の最も暑い期間は中ひと月（現在の七月下旬から八月末）。夏休みをとるには、その一か月分の生活費をなんとかすればよい。当時は生活費自体が格段に安かったし、暖房、衣料費のかからない夏のひと月なんて、チョロイもん。まず、夏には用のない見るのさえも暑苦しい夜具布団《ふとん》を、質屋さんへかつぎ込みます。

これは、寒くなれば必要となる間違いない質草《しちぐさ》ですから、質屋さんも多めにお金を貸してくれました。夜具は、江戸庶民の家財道具のうちで最も高価なもので、火事の時、真っ先に運び出したくらいですから、質草としては、一番頼りになった大物です。「三か月後には請け出しに来らァ」と約束して、夏休みは準備完了です。質屋さんは最低でも八か月待ってくれますが、冬が迫れば請け出さずにはいられなくなります。

もしその時になって、どうしてもお金の都合がつかなくても、そんなに心配はいりません。今度は冬には使わないカヤを質に入れて、それで夜具を請け出せばよいのです。カヤもまた、それなしでは夏が過ごせないほど大切で高価なものでした。

ところで、昨年すでにこの手を使っている人は、今年夏休みをとる資格はありません。なぜなら、夜具を入れたところでそれがカヤに化けるだけで、お金は残らないからです。

夜具を質に入れるのは、どうも気が進まないという物堅い人たちは、朝と夕方のい

江戸人の夏
お金なんか かけなくったって ケッコウ 気分が でるもんです。 風流も心の持ちようで…
行水（ぎょうずい）
「オウ 暑くてかなわねえから 行水でもしようか」「そうだネ お前さん」 庭にタライを出して ぬるま湯を 入れて行水。
アット・ホームじゃ ござんせんか
湯屋の二階
ちょっとした 喫茶コーナーもあり かりんとう、せんべい 干菓子などが 置いてあった。
湯屋＝銭湯
気ままに ゴロゴロして 本を読んだり 居眠りをしたり 囲碁を打ったり… 何をするにも 家より広々としていて 仲間がいるのがウレシイ。 ちょっと汗ばんだら下へ降りてひと風呂 あびれば いい。
干菓子の箱
のんびりした すごし方 なつかしい ですネ。
夕涼み
川端に つきものの 風物詩
夕涼みの 縁台から 恋の 芽生える こともある。
粋だねえ…
要は 夏から逃げるんじゃ なくって 夏を積極的に楽しんじゃうんだネ。 わーい わーいくぶん涼しい時間帯だけ、商いをしました。どのみち、真夏の炎天下で働こうなんていう人は珍しかったようです。

では、その夏休みと申しますと、日中は銭湯の二階（開放的なサロンになっていた）や床屋で、ゴロゴロダベリング。夕方になれば、路地に床几《しょうぎ》を出して囲碁将棋、または橋の上や屋根に登って花火見物。とうもろこしやスイカをかじりながら土手を散歩……避暑といえば、地方海外へ飛ぶ現代人から見れば、いやモウ他愛《たわい》ないというか呑気《のんき》というか……。でも市中にいて夏を楽しむ、こんな休みもむしろ新鮮かもしれませんね。

これさえあれば夏はパーペキ!!
夏の必須アイテム
①団扇
江戸風団扇
骨が見える
柄が丸い
骨が見えず柄が平たいのは京都風。
②すだれ
③朝顔の苗
どんな色の花が咲くかナ
④蚊遣《や》り
今戸焼
カボチャ型
この中に殺虫効果のある植物をくべて蚊を落とす。
型はいろいろあり。
⑤釣《つ》り忍《しのぶ》
ちりーん
ウーン風流だねえ
⑥金魚・水草
むかしはガラスが一般的でなかったので金魚は上から見るものだった
白睡蓮のすきまを紅い金魚が泳ぐのなんていい眺め。
⑦蛍
江戸の蛍かご
青味がかった光が涼し気
⑧冷《ひや》し瓜《うり》
夏の味覚!!
※この他、床の間に滝の絵などを掛ければなおいっそう良い。(物足りない人は幽霊の絵も掛けよう)

ホビー

道楽
浮世絵師の
歌川国芳は
大の猫道楽。彼の画
室には数十匹の猫が戯れ
外出時には必ずふところに猫がいた
ニャー
江戸人の
ペットの九割以上はネコ!

衣食住がなんとか間に合ってくるてぇと、その次にやってくるのが「趣味《ホビー》」だそうです。趣味てぇますと「おもむき」に「あじわい」、すなわち「はは、良いご趣味ですな」というように、何かを誉《ほ》めるときに使うのがほんとうで、今、私たちがイメージする「ホビー」だったら、江戸人には「道楽」と言ったほうが、通りがよいようです。

さて、その道楽、手はじめは衣食住、それぞれに付属します。つまり、「衣装道楽」「食道楽」に「普請《ふしん》道楽」です。これらは、あまりにもマトモなので、ざっと要点のみ申しあげましょう。

「衣装」の終点は、足袋・履物。「食」の終点は茶。「普請」の終点は「庭」です。なかでも「衣」のほうはそれほどでもありませんが「食」と「住」二つの終点は、年季、奥深さ、費用、どれをとっても限りがないのが特徴です。

さて、正道の方はこのくらいにして、いかにも江戸らしいと思われる道楽を見てみましょう。

道楽といえば、最初に出てくるのが、「音曲《おんぎょく》」です。落語でもおなじみですが、横丁に常磐津《ときわず》の師匠が越して来た。しかも妙齢の女師匠で独り身だ、さぁ習いに行こう。というのが一番多く、これは唄や三味線を習うのじゃなく、師匠を口説きに月謝を払うんです。それだから、師匠に決まった旦那《だんな》ができると、弟子は潮が引くようにいなくなったものでした。

ついで、昨今のカラオケのように流行《はや》ったのが「声色《こわいろ》」。これは、いわゆるモノマネなのですが、「芝居（歌舞伎《かぶき》）」が江戸人のテレビであり、芸能界であったので、その通俗性はカラオケ以上とも言えました。師匠は「名場面・名セリフ」を手とり足とり指南しました。

〽しがねぇ恋の情《なさけ》が仇《あだ》、命の綱の切れたのを……てなふうにやるわけですが、上級者は、菊五郎《きくごろう》の当たり役を団十郎《だんじゅうろう》ふうにやるとか、声は八百蔵《やおぞう》で、しこなしが半四郎《はんしろう》とかいったこともやったそうです。「声色」が達者なら、町内の人気者間違いなしでした。

また、「あくび指南」のように、珍奇な師匠も実際おりました。「所作《しょさ》指南」といっ

女師匠
〽桃や柳のいたずらに色香互に争うて
弟子の名札
順番待ち
★女師匠に通うのは「道楽」男師匠なら「稽古」と区別した。
こういう手合を「狼連（おおかみれん）」と言う。「隙あらば喰おう」という腹だから……。
収集
ラベル
仙女香
有名お白粉のラベル
白牡丹
日本最古の国産ビールのラベル
幕末〜明治初
TRADE MARK
ON THE BLUFF ★ JAPAN YOKOHAMA BREWERY
No.46

て、身のこなしを教えるのです。たとえば、カッコイイ煙草《たばこ》の吸い方、ソバの食い方といったものです。煙草では、帯にはさんだ煙草入れを取り出して、葉をつめて、吸ってはたく、までの一連の動作を指導し、けっこう人気があったそうです。

それ以上にバカバカしいのが、「秀句指南」です。秀句とはシャレのことです。「鯉《こい》の滝上り」を「仔犬《こいぬ》竹登り」とか、「猫に小判」を「下戸《げこ》に御飯」とか、「何か用？」と聞けば「何か用か九日十日」と答えるとか、「ありがたいねぇ」と相手が言えば「蟻《あり》が鯛《たい》なら芋虫ゃ鯨《くじら》」と受けるという、そういうシャレを習うのです。こんな益《やく》にもないことに金を払うのは、江戸ッ子なればこそといった感があります。

また、今と同じく、ペット道楽もありました。猫、犬、小鳥、虫と多種多様で、そのいずれも「物合わせ」という品評会がありました。なかでもおもしろいのはノミの品評会で、拡大レンズを使って、ノミの色、艶《つや》、形、さらにジャンプ力を競うのですが、大の男たちが、しかつめらしく寄り合って、ノミを見比べるのは、想像するだけでおかしいです。

それから収集《コレクション》の道楽も、もちろんさかんでした。ポピュラーなのはラベルです。菓子、薬、化粧品などのラベルをはがしてアルバムに仕立てました。幕末に来日した欧米人が、洋酒のラベルが中身の酒よりも高価に売れると驚いたのは、このホビーのためです。

おしまいに、江戸の粋《すい》を集めた趣味の世界、ミニチュアについてふれたく思います。江戸では指先に乗るような家財道具を拵《こしら》える細工職人の技術が大変に珍重され、名工の物になると本物の簞笥《たんす》の十倍も高価でした。これは純粋に大人のホビーで、男女ともに愛玩《あいがん》しました。戦後亡《な》くなった最後の江戸細工師・小林礫斎《れきさい》の作品群には、ため息の出るようなミクロの美が結晶しています。

江戸人のホビーに共通する余裕と豊かさ、それはいったいどこから来るのか、ほんとうに不思議です。

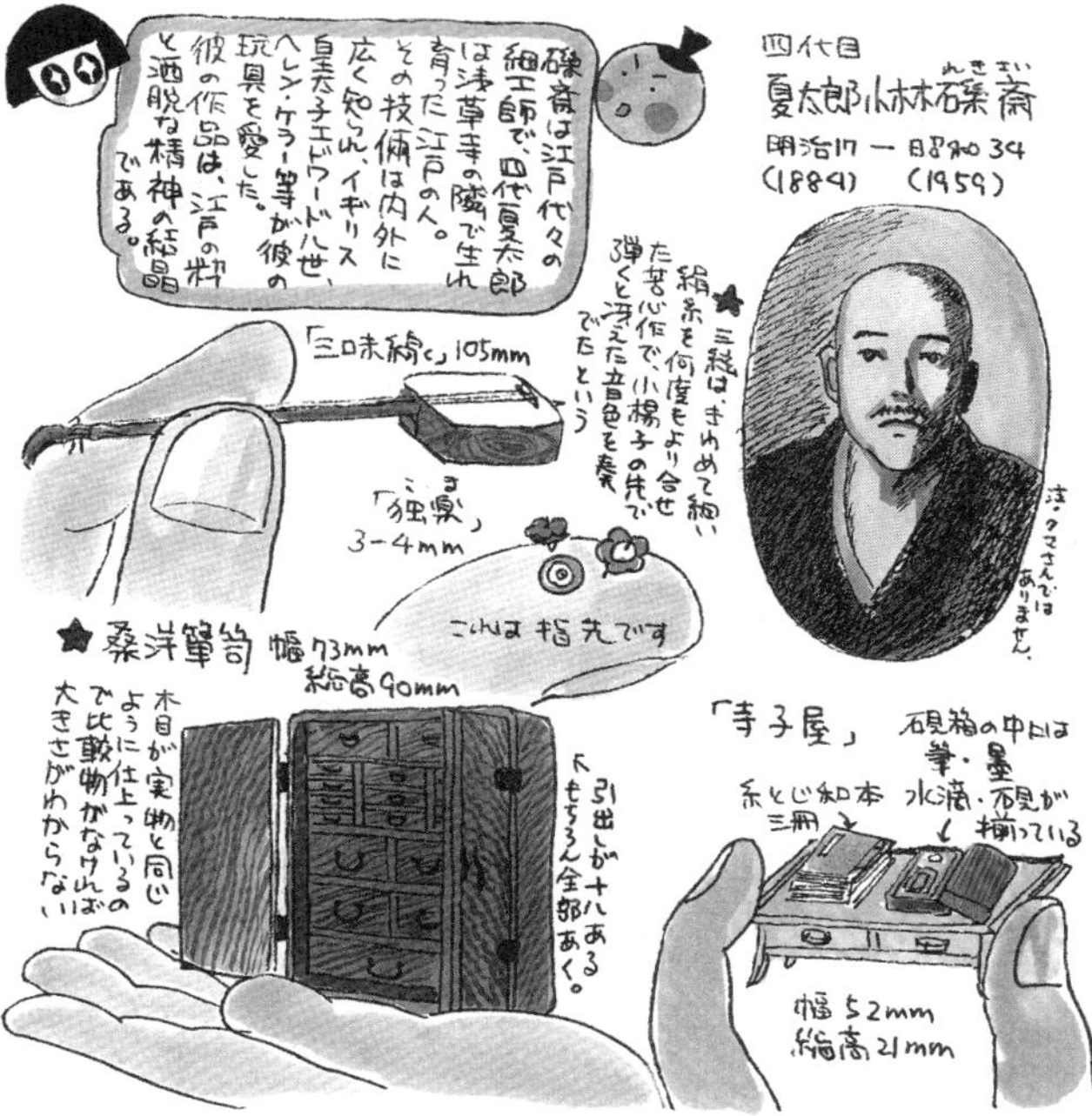
礫斎は江戸代々の細工師で、四代夏太郎は浅草寺の隣で生まれ育った江戸の人。その技術は内外に広く知られ、イギリス皇太子エドワード八世、ヘレン・ケラー等が彼の玩具を愛した。彼の作品は、江戸の粋と洒脱な精神の結晶である。
四代目
夏太郎小林礫斎《れきさい》
明治17ー昭和34
(1884) (1959)
★三絃は、きわめて細い絹糸を何度もより合せた苦心作で、小楊子の先で弾くと冴えた音色を奏でたという
注・タマさんではありません。
「三味線」105mm
「独楽《こま》」3-4mm
これは指先です
★桑洋箪笥 幅73mm 縦高90mm
木目が実物と同じように仕上っているので比較物がなければ大きさがわからない
引出しが十八あるもちろん全部あく。
「寺子屋」
硯箱の中には筆・墨水滴・硯が揃っている
糸とじ和本三冊
幅52mm
縦高21mm

お江戸動物物語

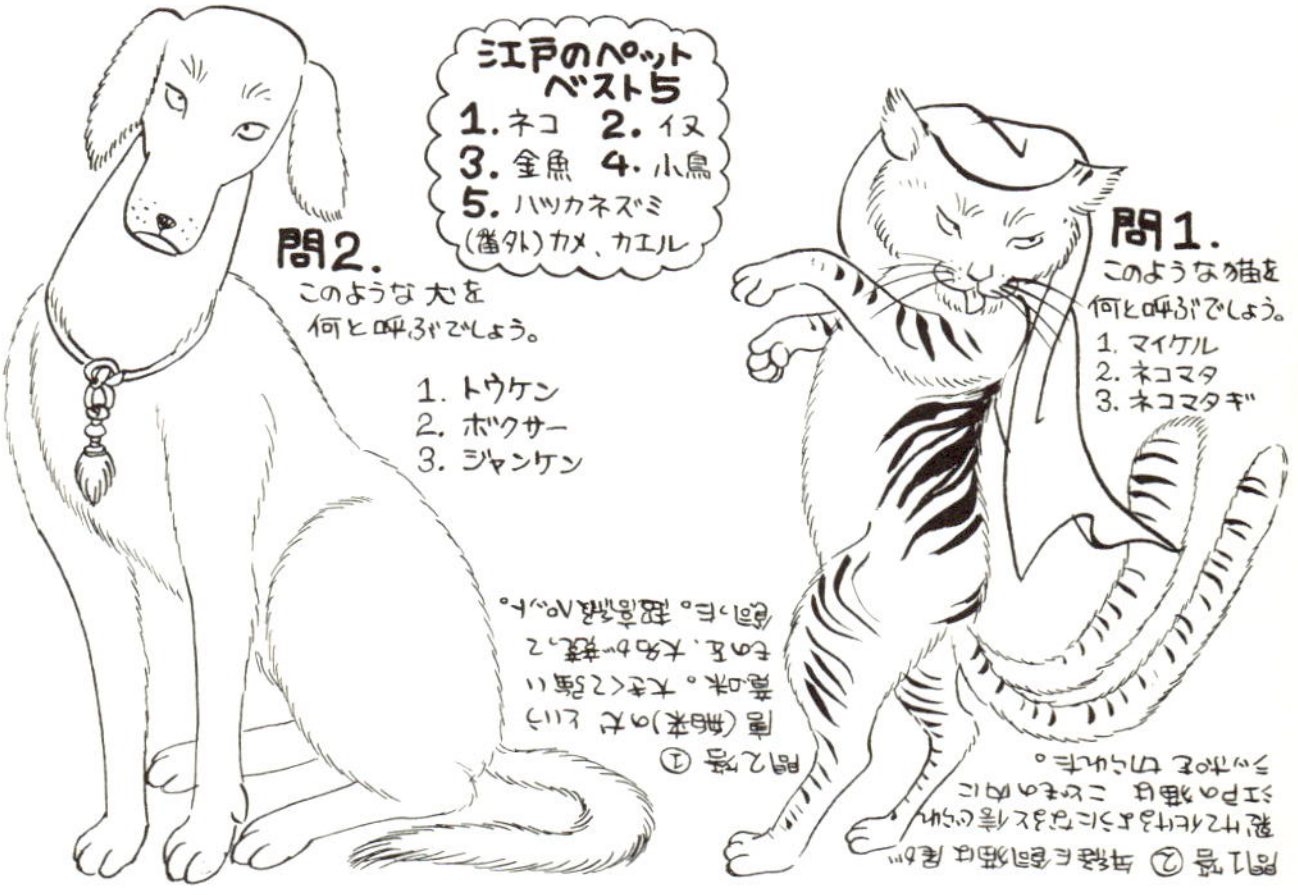
江戸のペット ベスト5
1. ネコ　2. イヌ
3. 金魚　4. 小鳥
5. ハツカネズミ
(番外) カメ、カエル
問2.
このような犬を
何と呼ぶでしょう。
1. トウケン
2. ボクサー
3. ジャンケン
問1.
このような猫を
何と呼ぶでしょう。
1. マイケル
2. ネコマタ
3. ネコマタギ
問2答 ①
唐(舶来)の犬 という
意味。大きくて強い
ものを、大名が競って
飼った。超高級ペット。
問1答 ② 年経た飼猫は 尾が
裂けて化けるようになると信じられ
江戸の猫は こどもの内に
シッポを 切られた。

パンダのトントンをはじめ、ラッコ、ハチ公と、これまでいろいろな動物たちが世間を賑《にぎ》わせました。CFでも、ウォークマンを聞く猿に木登りする犬、鉄棒をする猫が大活躍したことも……。ギョーカイでは「困った時の動物頼み」と言って、良い企画が思い浮かばない時には、動物を担《かつ》ぎ出せば一定の支持は必ず得られるとのジンクスがあるそうです。その辺のところは、江戸のギョーカイ人・興行師たちもちゃーんと心得ておりまして、不景気になると、どこからか珍獣の類《たぐ》いを調達してきては大当たりをとっています。ギョーカイの皮算用はさておき、動物の姿態や仕草を見て「わーカワイ～」なんてのは平和でよろしいものでございます。

江戸人と動物のかかわりあいの中で最も印象深いのは、五代将軍綱吉《つなよし》が発令した「生類憐《しょうるいあわれ》みの令」です。天下の悪法とも名高く、鳥を食べて遠島《えんとう》になった人や、犬を殺して死罪になった人などの話のみ喧伝《けんでん》されていますが、良い面もありました。綱吉

お江戸の人気どうぶつ

1. ラクダ

来日動物中、一番人気。見物料三十二文でも押すな押すなの大盛況。これは普通の料金の二〜四倍。群集の騒ぎに少しも動ぜず、悠然とした様子が誉められた。けれど、いつも喰うか寝るかしているので、やがて、でかくて鈍くさいものを「ラクダ」と呼ぶようになった。

首は鶴、背は亀に似ているといってメデタがった。
人間との大きさの比率がデタラメの当時の瓦版。

2. ゾウ

来日したのは インドゾウ。
牛より大きい動物を見たことがなかっただけに大評判となった。しかし、神経質で群集を嫌ったので、ラクダほどは親しまれなかった。

3. アザラシ

天保九年（一八三八）江ノ島沖に浮んで、海上から江ノ島弁天を拝む「海のオバケ」と評判。地元の漁の網にかかり、見世物に。見物料は二十四文。良く人に馴れ、手から餌を食べ、動作にも愛敬があったので もてはやされた。呼ぶと うなずいて「ヲヲ」と答えるのがウケた。

ヲヲ！

4. ヤマアラシ

なんだかわからないが、これを見ると「はしか除け」の利益があると宣伝されて、やたら流行った。見せる時には、棒で突いて逆毛を立てさせ、拍子木鳴物で「バリバリバリ」と効果音を入れてショウアップした。

5. トラ

大きいトラ柄の猫を虎の仔と称して見せる事が多かった。江戸末期に本物の豹（ひょう）が来日したが、虎のメスだと思われていた。

ニャー！

は、自身が戌年《いぬ》だったことから、特に犬を保護しましたが、その際江戸市中に徘徊《はいかい》していた野良犬をすべて「お犬小屋」へ収容して餌《えさ》を与えました。それまで、市中では野良犬による傷害事故が多く、夜間外出するのが危険だったほどでしたが、強制収容のお陰でそういったトラブルは激減しました。「お犬小屋」の犬たちは、監禁状態から生じるストレスにより、「保護」の名のもとにほとんど病死しました。江戸人にとっての犬は長らく、かみ付く厭《いや》なものというマイナス・イメージでしたが、綱吉の法《はっ》度《と》以降、市中の怖い犬が一掃されてから、やっと犬を可愛《かわい》いと思えるようになったと言われます。

　江戸庶民の間で人気のあったペットの第一位は猫です。和室に猫は実に絵になりますし、当時どこの家庭にもいた鼠を退治するためにも重宝されました。犬は庭付き邸宅の頼れるガードマンとして飼われることが多かったようです。まったく実用にならない純粋な愛玩動物として犬を飼う場合は、さらに贅沢《ぜいたく》です。お妾《めかけ》さんの友、座敷犬の代表・狆《ちん》などは有閑婦人のステイタスとされました。また、大名の間では、「鹿のように大きい」と庶民をビックリさせた大型の狩猟犬（西洋種）を飼うことが、一時たいそう流行《はや》りました。

　そのほかにも、江戸ならではの独特な雰囲気のペットとしては、鶉《うずら》が挙げられます。

鶉は美味な鳥ですが、食用ではなく、鳴き声を鑑賞するために飼いました。江戸中期には、鳴き声の善し悪《あ》しを競い合う品評会が盛んに行われ、一羽数十両で取引される名鳥もあり、老若男女《ろうにゃくなんにょ》貴賤《せん》を問わずの大ブームとなりました。人に馴《な》れず、姿も地味で、肝心の鳴き声とても、風流とは程遠いけたたましいもので、なぜ流行ったのか、どうにも不思議なペットであります。

とくべつふろく
日本の珍獣
生け捕られたことはないけれど
ヌエ
源頼政に射取られたことがある。頭は猿、胴は狸、尾は蛇、手足は虎、声は鳥に似て、夜間ヒーヒーと淋し気に鳴く。転じて、わけのわからないもののたとえとして「ヌエのようだ」と言われる。
カマイタチ
つむじ風の中にひそみ人の肌や衣服を切り裂く悪者。オカマのイタチではない。
ライジュウ
雷獣。落雷と共に天から降りて来て、家や木などをかきむしって去って行く。へんな奴。
ニンギョ
肉は美味で、不老不死の薬とされる。嘘つきで性格が悪いのでなかなかつかまらない。
カッパ
頭頂の皿と背中の甲らが特徴。川の中に住み、時々人を引き込んで、肛門を食べる。カエルと似た鳴き声。好色、怪力といわれる。

師走《しわす》風景

餅つきの図
ぺったん
丸餅は心臓を象っているといわれており長寿・壮健の願いがこめられているそうです。
暮の15日から大晦日まで、江戸の町々杵の音がひびきわたった。
☆ちん餅
お菓子屋さんで売る餅。
☆引きずり餅
臼,杵持参で土間や庭などでついてもらう餅のこと。

部屋のカレンダーも残り一枚。いよいよ今年も押し詰まってきたなと感ぜられる一か月……いつもは物静かなお坊様さえ裾《すそ》をからげて東奔西走するという師走、十二月です。

江戸城の主《あるじ》、将軍家も例外ではありませんでした。毎年十二月には「鶴《つる》の献上」といって、将軍家から天皇家へ鶴の贈り物をすることになっています。しかもこの鶴は、将軍自身が捕らえたものでなくてはなりません。はじめのうちは、将軍も律儀に弓矢をかかえて野山を駆け回りましたが、後には、それ用の鶴を餌付《えづ》けしておいて、それをチョイと仕留めて献上したそうです。

さて、庶民の歳末の様子は……!?

まず八日の「事納め」。この日は、農作業の終了の日であると同時に、正月歳事の始まりでもありました。江戸の町家では、笊《ざる》を竹竿《たけざお》にくくりつけて屋敷へ立て「招福・魔除《まよ》け」のマジナイとしました。

これが済むと十三日の「煤《すす》払い」。この日、江戸中の家が一斉に大掃除をします。それは、この日が江戸城の煤払いの日にあたるからですが、実際は広大な江戸城が一日で掃除できるわけもなく、一日から十二日までに掃除しておいて、十三日に完了の祝儀《しゅうぎ》のみを行いました。

大きな店では大掃除が終わったのを合図に、祝儀と称して、主人をはじめ、番頭、手代など次々に胴上げをされます。

主人や番頭の時は、さすがに丁重に扱いますが、だんだん下《した》っ端《ぱ》になると、高く放り上げておっことしたり、下女の裾をまくったり、髷《まげ》を引っぱったり、どさくさにまぎれて、日ごろのウップンを晴らそうと、もみくちゃになったそうです。それでも祝儀のめでたさに免じて、ケンカになるようなことはありませんでした。胴上げがひとおり終わると皆で風呂《ふろ》へ行き、髪を結い直し、いつもより早い就寝となります。ふだんですと、夜中の点呼などがあり、夜遊びは固く禁じられていましたが、この日ばかりは大目にみられたそうです。皆、掃除や胴上げなどで張り切りすぎて、節々が痛むのもケロリと忘れて、夜の街へくり出して行きました。

十三日
煤払い
☆江戸の初期は12月20日が定例だったが、この日が三代家光の忌日に当たるため、以降は13日となった。
八日
事納め
上笊《あげざる》
☆煤払い終了後の胴上げの はやし音頭は
〽めでためでたの若松様よ
枝も栄えて葉も繁る
おめでたやあーサッサザッササ
ザルを上げるのは、この日天から降って来る福を受けるためと、ザルの目の多いのを見て魔物がおそれて逃げ帰るという災厄除けのため。
歳の市
☆正月用品 台所用品 農具等を売った
12月
○14、15日 深川八幡
○17、18日 浅草観音
○20、21日 神田明神
○22、23日 芝神明
○24日 芝愛宕下
○25、26日 平河天神

つづく十五日は餅《もち》つき申し込みの締切日です。この日までに予約しておかなければ、お正月用の餅は買えませんでした。

江戸でも初めは関西のように丸餅でしたが、ひとつひとつ丸める手間を嫌い、せっかちな江戸ッ子は一挙にのして、包丁で四角く切るようになりました。

つづいて江戸の各地で行われる歳《とし》の市で正月用品を買い込みます。深川《ふかがわ》、浅草《あさくさ》、芝《しば》などで開かれましたが、なかでも浅草の賑《にぎわ》いは第一でした。

それやこれやで大晦日《おおみそか》。一夜明ければ何もかもがめでたいお正月。

借金の催促さえ延びました。

大晦日
装束榎
狐火
※東京北区の旧地名。榎の古木があった。
毎年大晦日に関東八か国の狐が王子の装束榎の下に集まる。総数千匹余とか。このときの狐火で明年の吉凶を占ったといいます。
およい年をおむかえ下さい。
掛け取り
大晦日に提灯を下げて夜更けまで歩いているのはたいてい取り立ての人
ふだん、ツケ払いで買い物をしていた江戸人にとって、12月が総決算の月。仮病を使ったり、一晩中トイレの中にひそんだりの攻防戦も、朝までの辛抱!!

結婚

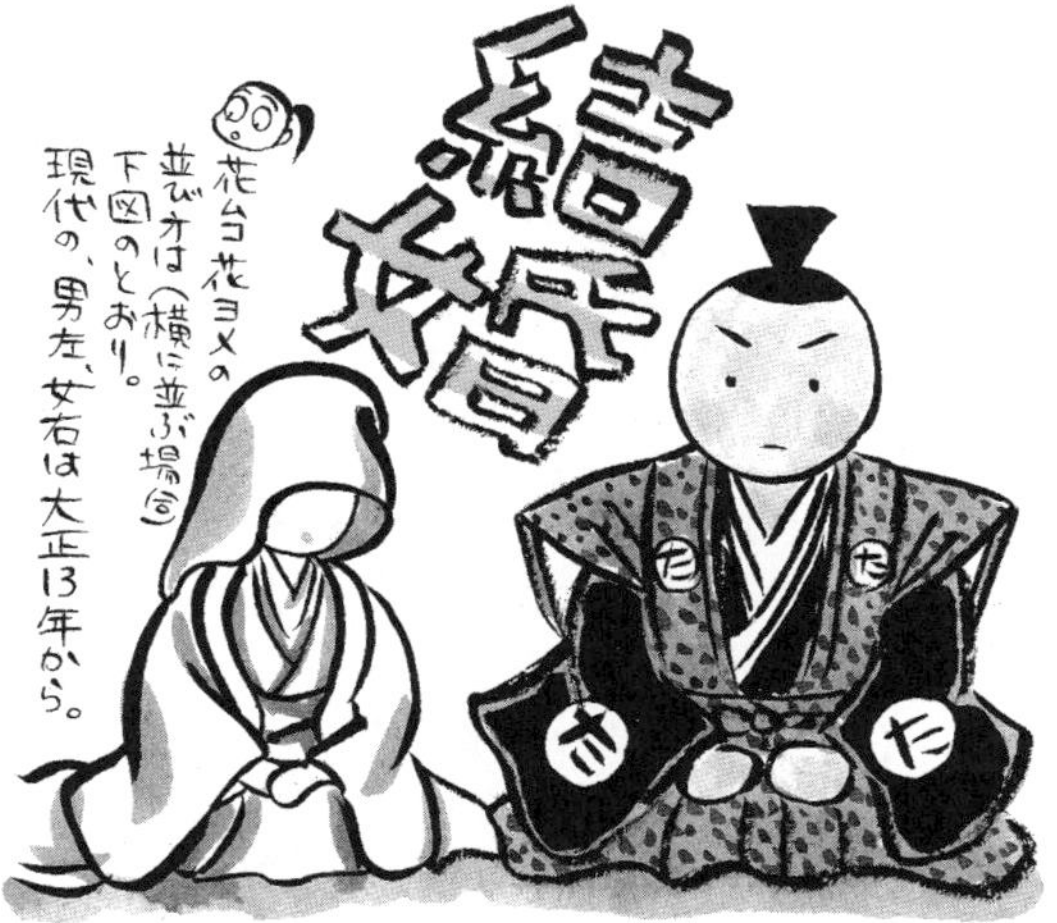

結婚
花ムコ花ヨメの
並び方は（横に並ぶ場合）
下図のとおり。
現代の、男左、女右は大正13年から。

「親は貧乏しても、娘は良いものを着て遊び回っている。嫁に行けば行ったで、亭主の稼ぎが少ないと文句タラタラ。買い物頼むわよなんて、亭主をこき使うことばかり達者で、なにかというと、自分が浮気しないことを恩に着せて、いばり返っている。ああ、なんて世の中だ」

と、ため息をつくおっさんがいます。どこも同じだなぁと共感する方もあると思いますが、じつはこれ、二百年前の江戸人の嘆きなんです。

江戸のカカァのオハコのタンカに、

「物見遊山《ゆさん》もろくにさせず、着物も十分に着せちゃくれない。女一人が養えぬくせに、それでも亭主かッ!!」

てぇのがあります。

いやはや、カカァ天下もはなはだしいようですが、江戸という地は概して人の気が

強く、

「斬《き》れるもんならバッサリやりゃがれ」

と、侍にケツをまくる亭主には、これくらいの女房でなけりゃ、釣り合わなかったわけです。

ともあれ、顔をひっぱたかれたくらいで、頰《ほお》をおさえて実家へ帰るような嫁さんは、江戸にはいませんでした。

今でも下町あたりで見かけそうな、親しみあるこれらの夫婦像は、熊《くま》さん八つぁんの世界であります。

彼らは大家さんや町役人を仲人にたてて、簡単な見合いをしたり、「くっつきあい」という、今で言う恋愛結婚をしたりと、現代の私たちと、そんなに変わりはありません。

ところが、武家方となると、そうはいかない。これが、親、主君の取り決めによる「命令結婚」となるのです。

見合いもなければ、変更もできない。式の当日まで、相手の顔も知らない。花嫁の綿ぼうしを取って、はじめて、お互い顔と顔を見合わせ、安心したり、ガッカリしたり。

開けてビックリ★武家の結婚
家同士で話し合う
親又は主人が命令する
ケッコンしなさい
ハハッ
結婚
どうもはじめまして
それだから、こんなことも起こったりする
ケース1
夫2歳バブ
妻1歳
戦国期にみられる政略結婚。(大名にままある)
ケース2
夫16歳
妻33歳
主人の出戻り娘を押し付けられた結果
ケース3
蚤《のみ》の夫婦
よくあるケース
体格が不釣合

武士の家に生まれた者は、男でも女でも、皮一枚にすぎない顔かたちなどにとらわれてはならぬ、と教えられていました。五年もたてば、シワがよったり、たるんだりする「人間の上皮」で、人を選択するなどとは、相手への侮辱だと言い切っています。さすがに武士たるもの、潔癖なものです。そもそも、結婚というのは、世継ぎをつくり、家を存続させるためのパートナーの「結団式」であり、色恋だの好き嫌いだのというレベルの問題ではない。

とは申せ、これはタテマエ。武士もやっぱり人の子です。江戸中期に柳里恭《りゅうりきょう》という武士が、こんなグチをこぼしています。（以下、現代語に直す）

惚《ほ》れた女を女房にするというのは、神代からのならわしだというのに、穴の中のムジナの値段でも決めるように、顔も見なければ、心も知らないで、滅多《めった》無性に女房を決めるから、離婚さわぎの種をまくことにもなる。世の中とはままならぬものであるが、これほどおかしなこともない。

まったく、お気の毒としか言いようがありません。けれど、別れろ切れろの悶着《もんちゃく》は、あらゆる男女間に生じるものです。
それは自由恋愛をほしいままにしている現代の我々が一番よく知っています。
ある武家の古老が、ふり返ってこんなことを言っています。

最初から恋愛づくしでやらなければ夫婦が成立しないかというと、必ずしもそうではない。人間というものは不思議なもので、少しくらいいやだと思うものを組み合わせても、そこは天地自然の作用で情の出てくるようになっている。夫婦は年寄ってからが主なもので交情のことなどは、いつしか取り離れ二人とも老境に入ってから、お互いに世話をして、親切ずくになってゆく。それは、親子よりも情愛のあるものである。

……こうして、大多数の武士家庭が、あきらめ、折れ合って、互いの中に美点を見つけ出したりしながら、平凡な、つつましい生涯を終えていったのです。
自由恋愛に慣れきっている私たちの男と女の関係は、彼らよりも豊かなのでしょうか。

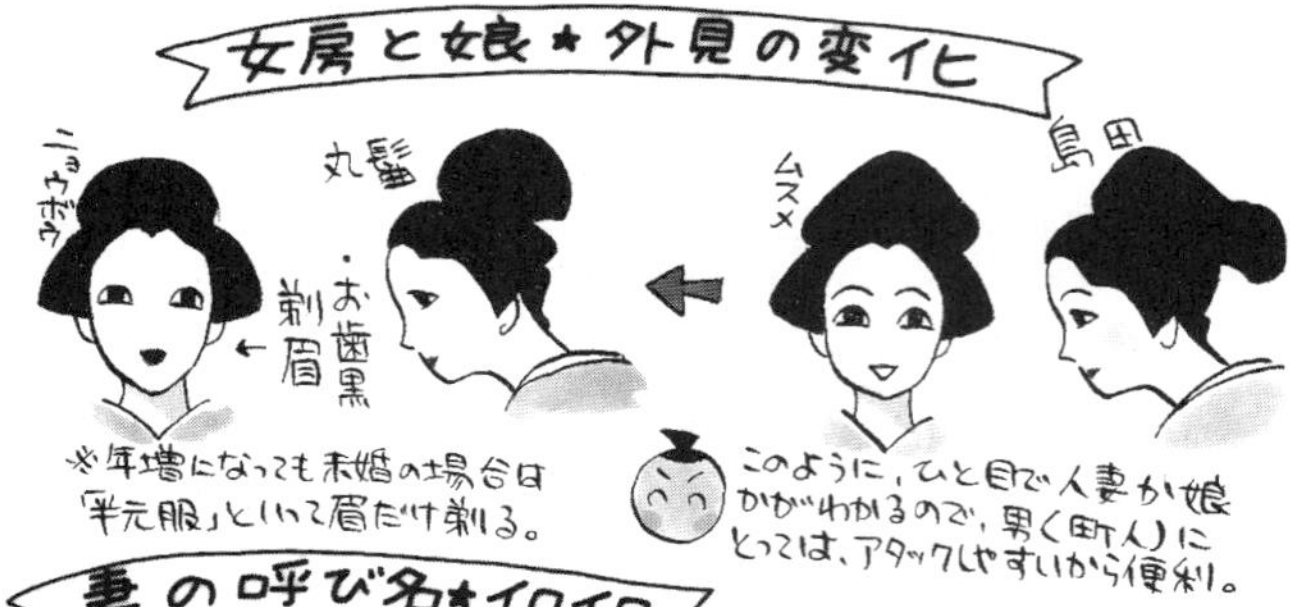
女房と娘★外見の変化
ニョウボウ
丸髷
・お歯黒
剃眉
ムスメ
島田
※年増になっても未婚の場合は「半元服」といって眉だけ剃る。
このように、ひと目で人妻か娘かがわかるので、男(町人)にとっては、アタックしやすいから便利。
妻の呼び名★イロイロ
公家・将軍
御三家・大名
旗本・御家人
庶民
かみさん
御息所《みやすどころ》・御台所《みだいどころ》
御簾中《ごれんちゅう》・奥方《おくがた》
奥《おく》・御新造《ごしんぞ》
番外
○カカアザエモン
○ヤマノカミ
○シタバ
○バケベソ

正月縁起づくし

恵方
今年の恵方
ラッキー
北
東
南
西
暗剣殺
よく知りませんが、何だかコワ〜イな方角ですネ

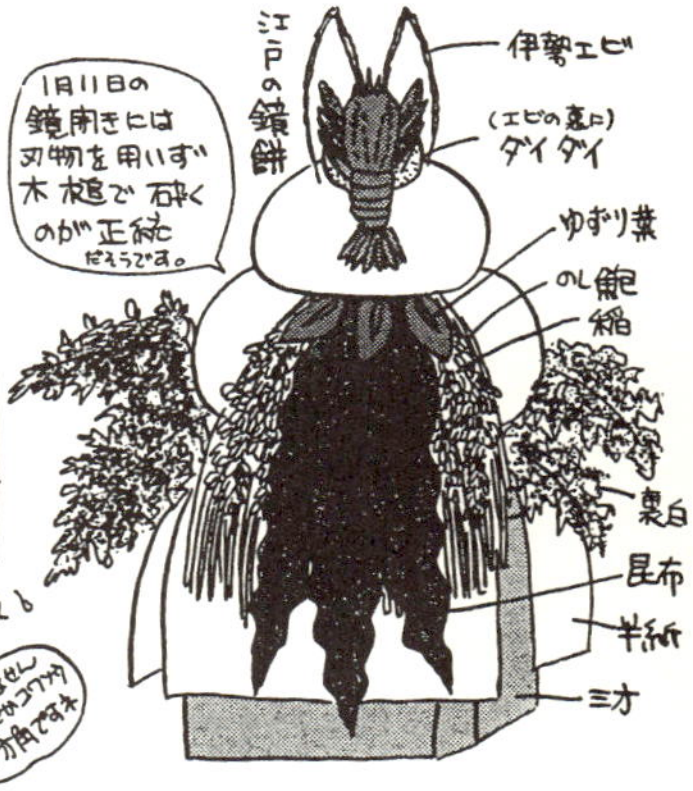
江戸の鏡餅
1月11日の鏡開きには刃物を用いず木槌で砕くのが正統だそうです。
伊勢エビ
(エビの裏に)ダイダイ
ゆずり葉
のし鮑
稲
裏白
昆布
半紙
三方

やれエスニックだレトロだとイロイロなものが流行《はや》っていますが、いっちばんトンガッテ(先鋭的)いるのが「江戸」なんだそうです。

ということで、ハヤリモノ大好きな善男善女は、ゼヒトモEDOしなくちゃいけません。

また、温泉や外国も飽きたし、短い正月休暇くらい、のんびりとしてみたいナーとお考えの紳士淑女にもオススメです。

ここに「決定版・江戸人のお正月はコウ祝うのが正しい」をお贈りします。――と言っても、格別なことではありません。

気分をリラックスさせてゆったり、気楽なお正月をどうぞ。

お正月を江戸風に過ごすポイントは、徹底して縁起をかつぐことです。

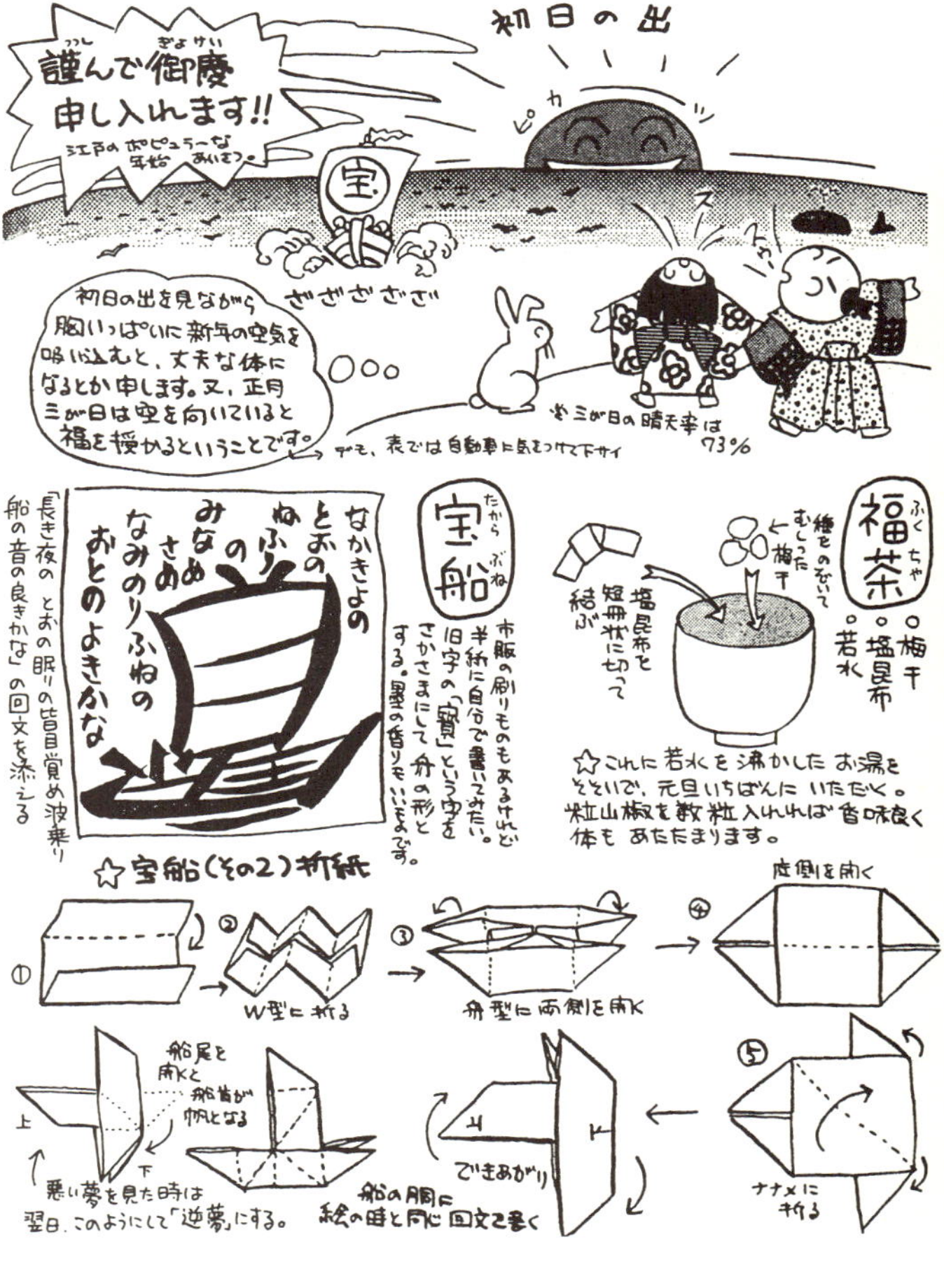

謹《つつし》んで御慶《ぎょけい》申し入れます!!
江戸のポピュラーな年始あいさつ。
初日の出
ピカッ
宝
ズ
ざざざざざ
初日の出を見ながら胸いっぱいに新年の空気を吸い込むと、丈夫な体になるとか申します。又、正月三が日は空を向いていると福を授かるということです。
デモ、表では自動車に気をつけて下サイ
※三が日の晴天率は73%
「長き夜の　とおの眠りの皆目覚め波乗り船の音の良きかな」の回文を添える
なかきよの
とおの
ねふりの
みなめさめ
なみのりふねの
おとのよきかな
宝船《たからぶね》
市販の刷りものもあるけれど半紙に自分で書いてみたい。旧字の「寶」という字をさかさまにして舟の形とする。墨の香りもいいものです。
福茶《ふくちゃ》
○梅干
○塩昆布
○若水
種をのぞいてむしった梅干
塩昆布を短冊状に切って結ぶ
☆これに若水を沸かしたお湯をそそいで、元旦いちばんにいただく。粒山椒を数粒入れれば香味良く体もあたたまります。
☆宝船(その2)折紙
①
②
W型に折る
③
舟型に両側を開く
④
底側を開く
⑤
ナナメに折る
できあがり
船の胴に絵の時と同じ回文を書く
船尾を開くと船首が帆となる
上
下
悪い夢を見た時は翌日、このようにして「逆夢」にする。

①大晦日《おおみそか》の晩は寝ずに元旦《がんたん》を迎えると寿命が延びる。

②年があらたまったらスグに水を汲《く》む。それを飲むと病気をしない。

これはいわゆる「若水《わかみず》」。本来は井戸ですが、水道だってかまいません。

③初日の出を見ると寿命が延びる。

江戸のころなら洲崎《すさき》、愛宕山《あたごやま》あたりが初日の出で有名。でも今は歩道橋の上だっていいんです。初詣《はつもうで》は、初日の出見物がてらに済ますもよし、松の内（七日までの間）にボチボチ行くもよし。元旦詣にコダワルことはありません。が、行く際には、

④恵方《えほう》参りをすると運が開ける。

と言われています。恵方とはその年の大吉の方角です。地図で、自宅から恵方にある神社を探して行きましょう。初日の出を見たら眠り、お昼すぎに起きます。若水を沸かして、まず「福茶《ふくちゃ》」をいただきます。江戸ッ子は初日の出見物と若水汲みで、あとは、元旦中、寝ててもいいと考えていました。

⑤福茶を飲むと壮健になる。

そのあとついでにお屠蘇《とそ》でも飲めば、

⑥屠蘇は長寿延命の薬、です。

また若水を汲む、福茶を入れる、餅《もち》を焼くといったマメマメしいことを旦那《だんな》さんが

お正月の行楽

七福神詣

東京の七福神

隅田川（多聞寺ほか）
谷中（不忍池弁天ほか）
山の手（目黒不動ほか）
深川（富岡八幡宮ほか）
品川（品川神社ほか）
日本橋（水天宮ほか）
麻布（宝珠院ほか）
新宿（善国寺ほか）
浅草（浅草寺ほか）
池上（養源寺ほか）
板橋（観明寺ほか）

・それぞれの残り六寺社については、各代表寺社で教えてくれる

☆七福神詣はそもそも信仰というよりは、レジャーとして江戸の粋人たちが考案したものですから、七つ全部回れなくとも大丈夫です。ごく気軽なハイキングのつもりでお近くのコースをどうぞ。松の内、あるいは小正月（15日）までのヒマな日にブラリと…。

色刷りの福神の画像もとてもキレイ♡

☆谷中の七福神は二、三時間で巡れる遊歩コース。各社で宝珠、鹿、鯛、打出の小槌 等々の美しいスタンプを押してくれる。全部集まれば満願。（台紙は最初に行った寺社で）

隅田川の七福神は各社で各福神人形を一体ずつ売っています。

ちっちゃくてカワイイ～

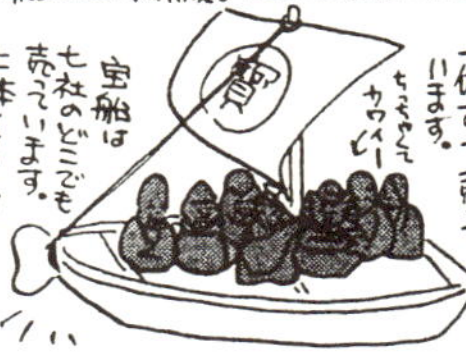

宝船は七社のどこでも売っています。七体そろえて宝船にのせれば初春らしいエンギの良い置き物となります。

するとエンギが良い。
⑦三が日嫁を楽させると家が繁栄する。
その日、もし退屈なら、負けても腹の立たない程度の勝負事をする。
⑧新春の勝負事は開運出世になる。
勝てば幸先《さいさき》が良いし、負ければ厄《やく》落としと言う。ただし、元旦の買い物はダメ。祝《しゅう》儀《ぎ》としての散財なら吉。
⑨元旦の房事は早く老《ふ》ける。
そうですから、エッチな話でもしてアハハと笑って眠りましょう。
⑩猥談《わいだん》による初笑いは強運を呼ぶ。
そして元旦の夜が江戸の「初夢」。
⑪宝船の絵をふとんの下に敷くと吉夢が見られる。
目が覚めれば二日「初湯」。ゼヒトモ銭湯へ行きましょう。気分爽快《そうかい》。
⑫初湯に入れば若返る。
では、良い一年となりますように!!

決定版マジナイ集

早起きをするマジナイ
寝る前に「ほのぼのと明石の浦の朝霧に」と、三度となえて眠ります。
※柿本人丸の歌だと伝えられています。
すると翌朝きっと起きたいと思った時間に目がさめますから、すぐに「島隠れ行く船をしぞ思ふ」と、前の晩の歌の下の句を三度となえます。

江戸の人は、多種多様のマジナイをＴＰＯに応じて活用していました。

今でも、役者さんなどが、初日の舞台であがらぬように、出番の前に手の平へ「人」という字を指でなぞって、それを飲むしぐさをしたりしますよね。また、なかなか帰らない長居の客のあるときは、ほうきを逆さまに立てかけ、その上に手ぬぐいをかぶせておいたり、客の履物の裏に灸《きゆう》を据えたりすると、不思議に早く帰るとか申します。

こうしたマジナイをバカバカしいと笑う人に、江戸人はこう言います。「なぜ効くのかなどは凡夫にはわからぬことだが霊験《れいげん》があるからこそ代々伝えられているのだ」と。まずは、お試しあれ、珍妙なマジナイの数々。

江戸のマジナイは早起きの法とかケガの痛みを取り去る法とか、虫封じの法とか、

覚えていれば役に立つ?! かも知れない
マジナイ・ア・ラ・カルト
小便をこらえる法
☆水や茶をひかえるのがいちばんですがそれでも心配なときは……
①松葉の青く新しいところをつみ取り
ここのへん
②指先でよくもんでヘソにつめる
——と長い間ガマンできるとか。
大便をこらえる法
①左の手の平へ右手の中指の先で「大」という字を書き
②三度なめて
③左足のカカトでフタをする。
おしり
つった足を直す法
①「木瓜《ぼけ》〜〜」と三度ずつとなえながら足をさすする。
②それでもなおらない時は
・男の人ならチンチンを引っぱる
・女の人ならオチチを左右に引っぱる
——とヨイそうです。
鼻血を止める法
血が出ているのが左の鼻ならば左のタマタマ、右なら右両方なら両オを、しっかりとにぎる。(女の人は オチチ)
傷の痛みを取り去る法
①白い紙を三つに折り
②さらに三つに折り
これで傷をおさえる
歯の痛みを取り去る法
①紙を 三十二に 折る。(つまり、五 回くり返して折りたたむ)
②それを カナヅチでたたき
ガガンン
③表に「蟲」という字を墨で書いて
④柱の割れ目にはさみ込む。
しゃっくりを止める法
☆同右
①その人の口を大きく あけさせ
あ〜ん
②口の中へ、指で「宗」という字を三度書く。
宗
船酔いをしない法
☆これは 他の人に ほどこすマジナイです
①席の、座ろうとする場所に指で「賦」の字を書き最後の点は 打たずに
②その上にすわらせてからおでこ の まん中へ チョンと打つ。
賦

生活に密着したセコイものが主流ですが、なかでも面白いのが恋に関した切実なマジナイです。

うしろ向きのあのコを振り向かせるには＝そのコの盆《ぼん》の窪《くぼ》（うなじの中央のへこんだ部分）へ、強く念じながら、静かにゆっくり息を吹きかける。息は届かなくてトウゼンですが、きっと振り返るそうです。

切ない思いを伝えたいときには＝思う相手の家の門前に、どんぐりを糸で縛ったものを、人知れず埋めておく。これはシャレなんですねえ。どんぐりは椎《しい》の実ですから、糸椎結ばれたい、愛《いと》しい……となるわけです。この手ならもっとあります。

効果的なラブレターを送りたい＝旧暦十七日の夜に手紙をしたため、封じた手紙を裸足《はだし》でギュッと踏んでからポストに入れます。旧暦十七日夜は「立待月《たちまちづき》の日」、つまり、たちまち着く、そして踏みつける、文着ける。笑っちゃイケマセン。シャレだって信ずれば、霊験を発揮することもあるんです。

会いたい人を呼び寄せたい＝女の子が殿方を呼びたいときは、口をすぼめてチウチウと、ねずみの鳴きまねをすればよい。男女共通のマジナイとして、折り紙で蛙《かえる》を折って、その背中に待ち人の名を書いて、マチ針を刺して、たんすの中に隠しておく。めでたく会えたら、針を抜き、川か池へ折り紙を流す。

足のシビレを取り去る法

① 近くの畳のへりから ゴミを取り出し

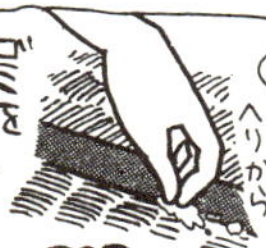

② それをツバでぬらして まるめて

③ おでこのまん中にくっつけると

だんだん効いてくるそうな。

「ただし、この法晴れやかなる席にて額にかかるものを付けていることは、はなはだ見苦しきせ。」と注意書きがあります。

奇妙 大勢の人のなかで オナラをした人を当てる法

☆一名・べろべろの神

① 細長い紙を用意します(ちり紙でも可)

② よじってこのような形にします。

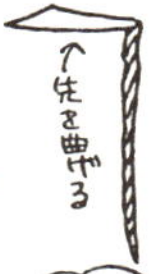

③ これを両手のあいだにはさみ

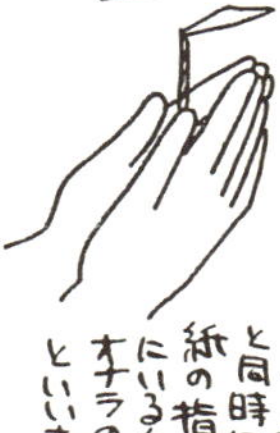

④ 「べろべろの神は正直者よ 親でも子でも屁をひった方へちょっと向け♪」

と、となえながら両手をもみ合わせ、言い終ると同時に手を止め紙の指す方向にいる人がオナラの出どころといいます。

好きな人と離れたくない＝相手の履物の底に、膏薬《こうやく》（例えばサロンパスなど）を小さく切って、知られないように貼《は》っておく。これで二人は離れられない……などなどです。

おしまいに、吉原《よしわら》の遊女間で行われた秘法中の秘法、男の浮気を封じる法＝浮気な彼の下の毛をちょいっとかすめ取ります。それを細く裂いた紙とよじって、結んだものを、寝床の畳の下に入れておきます。その上でニャンニャンしたあとは、彼が他の場所で女性と会っても「かの事はできぬなり」だそうです。女の浮気を封じる法については、どういうものか伝わっておりません。

第三章——中級編

江戸見物（硬派編）

江戸見物
笠は必需品
振り分けにもつ
ひとくちメモ 江戸時代、一番ポピュラーな「江戸土産」は「錦絵」（浮世絵）でした。
かさばらないし、腐ったりしない。
手甲
脚半
旅行者のカッコ
わらじ

日増しに春めいてくる今日このごろ、街を歩くには本当に良い季節となってまいりました。

というわけで、ひとつ、徒歩でのお江戸巡りと洒落《しやれ》込んでみようてえ趣向でございます。昔日《せきじつ》の江戸を歩きながらも、現代の東京にも応用できてしまうという、コレ一石二鳥、一粒で二度おいしい内容でご案内申しあげますので、足に自信のある方々は、ふるってご参加くださいますようおん願いあげ奉《たてまつ》り候《そうろう》。

さて、一口にお江戸巡りと申しましても、おひとりで歩く方もあれば、連れ立ってワイワイてえ奴《やつ》もあります。今回は超オーソドックス、これさえ知っていれば万全、試験に出る（かもしれない）決定版江戸巡りをご紹介しましょう。

つまり、栃木《とちぎ》（べつに、群馬《ぐんま》でも、茨城《いばらき》でもかまわないのですが）から伯父さんが上京して来る。ところがお父つぁんおっ母さんは家業のある身で、十分なおもてなしができない、そこで、「お前、一日ぐらい伯父さんを案内してさしあげなさい」てな役割を、押しつけられちゃったという設定といたします。これは、この春に入学や就職などで東京に上京した甥姪《おいめい》にもよし、長年東京に住んでいながら、会社と飲み屋と自宅以外なんだかわからんという方にもオススメです。

まずは千住《せんじゅ》の大橋までおむかえに参上します。江戸のころは東への出入口がこの千住だったからです。現在なら上野ですが、上野からではちょいと芸がないので日暮里《にっぽり》で降ります。さて一方千住大橋のほうは昭和通りを南下しつつ、谷中《やなか》の墓地を目ざして歩きます。日暮里で降りた人は鶯谷《うぐいすだに》のほうへ歩きます。上野の山の方へゆるやかに登る旧王子街道の坂（これを芋坂と呼びます）のかど地に、文政《ぶんせい》二年（一八一九）創業の羽二重団子《はぶたえだんご》があります（現住所・荒川区東日暮里五ノ五四ノ三）。しなやかな歯ざわりに、その名の由来を想《おも》いながら、熱い茶をすすって、江戸見物のスタートとしてください。

それから上野寛永寺《かんえいじ》へと詣《もう》でます。昔も今も上野は見物する場所の多い所ですが、動物園も美術館も、ここではすっとばして不忍池《しのばずのいけ》へ直行します。池の端《はた》をぐるり半周して湯島《ゆしま》の天神さんへ出ます。

〽ゆぅーしぃまぁとおれぇばぁ～……などと口ずさみながら、南へと進みますと、江

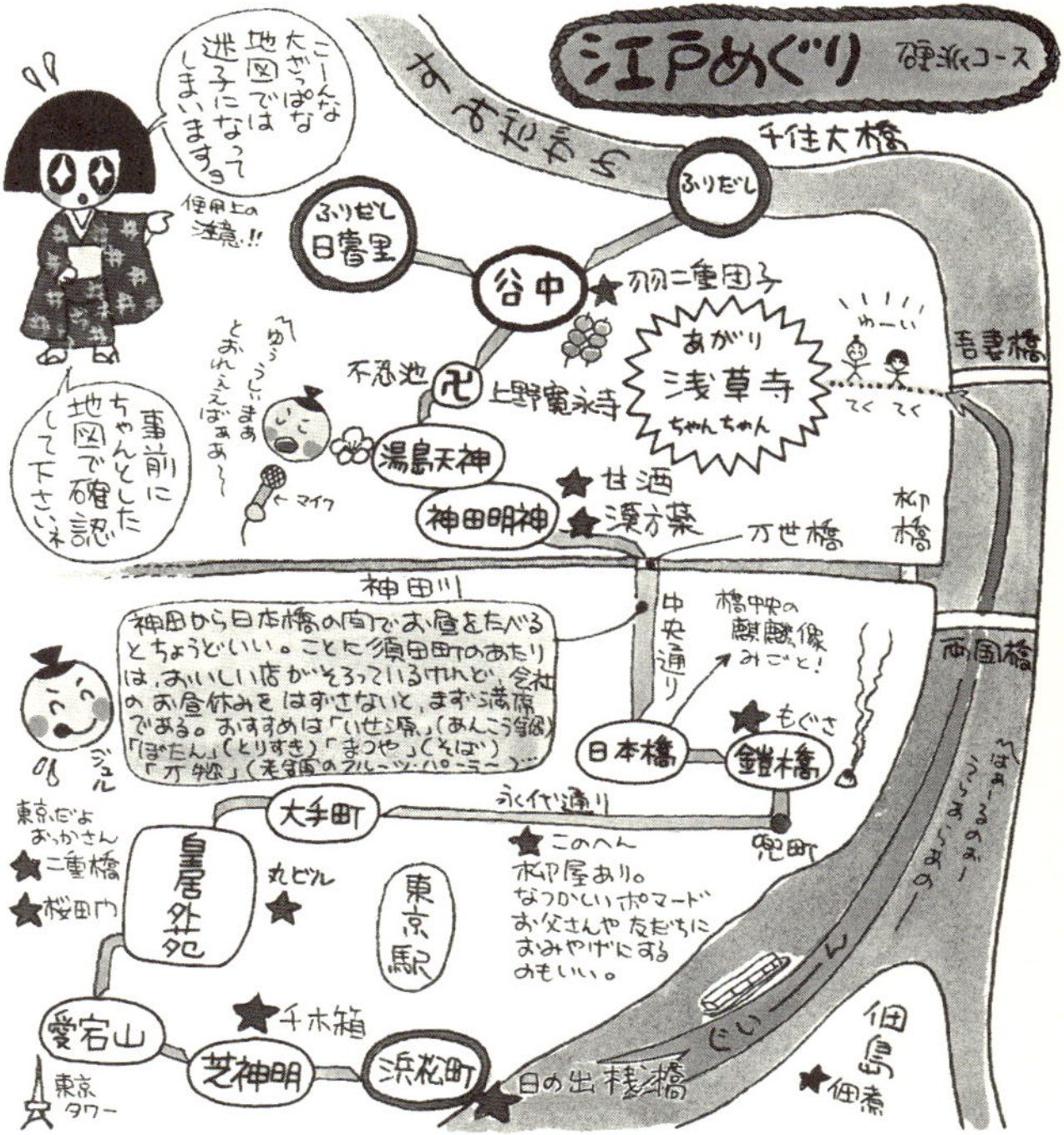
江戸めぐり　硬派コース
こーんな大ざっぱな地図では迷子になってしまいますョ
使用上の注意!!
事前にちゃんとした地図で確認して下さいネ
千住大橋
ふりだし
ふりだし 日暮里
谷中
羽二重団子
あがり 浅草寺 ちゃんちゃん
ゆーい
てく てく
吾妻橋
不忍池
上野寛永寺
ゆ〜うしぃまぁとおれぇえばぁあ〜
マイク
湯島天神
神田明神
甘酒
漢方薬
万世橋
柳橋
神田川
中央通り
橋中央の麒麟像みごと！
両国橋
神田から日本橋の間でお昼をたべるとちょうどいい。ことに須田町のあたりは、おいしい店がそろっているけれど、会社のお昼休みをはずさないと、まず満席である。おすすめは「いせ源」（あんこう鍋）「ぼたん」（とりすき）「まつや」（そば）「万惣」（老舗のフルーツ・パーラー）…
ジュル
もぐさ
日本橋
鎧橋
東京だよおっかさん
二重橋
桜田門
大手町
永代通り
兜町
このへん 柳屋あり。なつかしいポマードお父さんや友だちにおみやげにするのもいい。
はぁーるのぉーうららぁのぉー
皇居外苑
丸ビル
東京駅
愛宕山
東京タワー
千木箱
芝神明
浜松町
日の出桟橋
どい一ん
佃島
佃煮

戸ッ子の神様、神田明神《かんだみようじん》さんへ出られます。わからなくなったら、その辺で「明神さん」と聞けば「ここんとこを、まっつぐ行ってね」と、歯切れよく教えてくれます。

参道の大鳥居の向かって左側に名物甘酒の天野屋さん（千代田区外神田二ノ一八ノ一五）がありますから、参拝後はぜひとも一杯、じんわり寝かせた麴《こうじ》の香りを楽しみたいものです。さて、ここまで来たら、昌平橋《しようへいばし》のほうへちょいと足をのばして、伯父さんにはうってつけ、漢方薬局の老舗《しにせ》、紀伊国屋《きのくにや》へ寄ってみましょう（現住所・千代田区外神田一ノ二ノ一四）。名高い家伝薬を三百年も製造しつづけている漢方薬局です。万病に効験ありといわれ、諸国にもその名を知られた「牛黄丸《ごおうがん》」（現・牛王丸）、強壮剤として、信頼の高い「鮮地黄丸」などオリジナル商品はあまた。お店の人に相談の上、体質に合った薬を購入するのが肝要。

続いて筋違橋《すじかい》（現・万世橋《まんせい》）を渡って須田《すだ》町の大通り（現・中央通り）をぐーっと南下します。ここは江戸経済の背骨ともいうべきメインストリートで、日本橋へ続いています。日本橋土産は海苔《のり》というのが通り相場ですが、ここでは鎧《よろい》橋へ寄り道して、グッと渋めに「もぐさ」をお勧めいたします（釜屋《かまや》商店・中央区日本橋小網町六ノ一）。日本一といわれる「伊吹山産」のもぐさが入手できます。

ザ・ミヤゲ
① 羽二重団子
創業以来、醤油と餡の二種類しか作らない。
歯にぬからない しっくりした柔かさと、変哲のない すなおな味が特徴
火が中心まで通るように平べったい
② もぐさ
外国でも灸の効能が注目されており moxa(モグサ)の名で呼ばれている
「此の釜屋艾を毎月御用ひになれば病を治し再発なし」「近頃偽物多シ 登録商標と富士製に御注意を希(ねが)ふ」と袋に書いてある。
元祖 釜屋 登録商標
極上晒艾
江州伊吹山清薬撰 本家釜屋 富士屋左衛門
富士謹製
シッ、シブイッ!! おじいさん、おばあさんに、またはバレンタインの贈り物に
③ 甘酒(ほんとうは夏の飲み物)
甘酒 明神
天野屋
なつかしい じんわりした甘さとコク。自前のムロで仕込んだ糀(こうじ)が香る。大樽入り、持ち帰り用あり。
④ 千《ち》木《ぎ》箱
小判型の弁当箱の模型に単純な藤の花が描いてある。色あい、形ともに素朴で愛らしい。
ひのき製
これは本来、毎年9月11日から21日までの「だらだら祭り」(生姜市とも)で売られる縁起もので亀戸天神のウソと共に有名
⑤ 漢方薬
昔っぽい包装
牛黄丸
今でも千種以上の薬種を持つ随一の漢方薬局。症状を詳しく相談のうえ、ピッタリの薬をもとめよう

さらに、兜町《かぶと》から永代《えいたい》通りをまっすぐ大手町へ、皇居に至ります。江戸城は江戸ッ子の誇り。二重橋、桜田門と歩きます。桜田通りを芝《しば》へ向かい愛宕山《あたごやま》へ、そして神田明神と並んで江戸ッ子に親しまれた芝神明《しばしんめい》へ詣で、愛らしいお守り「千木箱《ちぎばこ》」を求めて浜松町へ出ます。ここまでの行程が十七キロ弱。そして日の出桟橋からナント、水上バス（最終一八時三十分）に乗って一気に隅田《すみだ》川を浅草へ北上するのです。スゴロクのあがりは浅草の観音さん、これでキマリ!!

江戸見物（軟派編）

浅草寺本堂にかつてかけられていた
江戸見物
手ぬぐいは必需品
大迫力
一口メモ
観音さんに何度も行った人でも意外と気づかない「一勇斎国芳の絵馬「一つ家」図」
モモヒキ
花見のカッコ
ひょうたんの酒

江戸巡り第二弾・軟派編、まいります。集合場所は浅草雷門《かみなりもん》、設定としましては、江戸ッ子の足も胃も丈夫な連中が、お昼から夜にかけてわーっと遊び歩くという具合です。これぞ江戸前というコースをご案内いたしますので、とにかく、気楽にご参加ください。

まず仲見世《なかみせ》で、初めにお土産を買ってしまいます。これで、今日は多少遅く帰っても大丈夫という、予防線を張っておきます。オススメは「金龍山」の浅草餅《もち》で、是非手にいれたいもの。ここでしか買えません。そして仁王門（現・宝蔵門）右脇《わき》の江戸玩具《がんぐ》「助六《すけろく》」で助六のとんだりはねたりを一個買いましょう。コレ、浅草土産の決定版、鬼にもエクボの強力ラインナップです。どれも軽いモノですから、これからの長旅にもひびきません。

観音様へ詣でたあと、馬道をまっしぐらに北上して千束《せんぞく》の花霞へ消えてしまう仲間

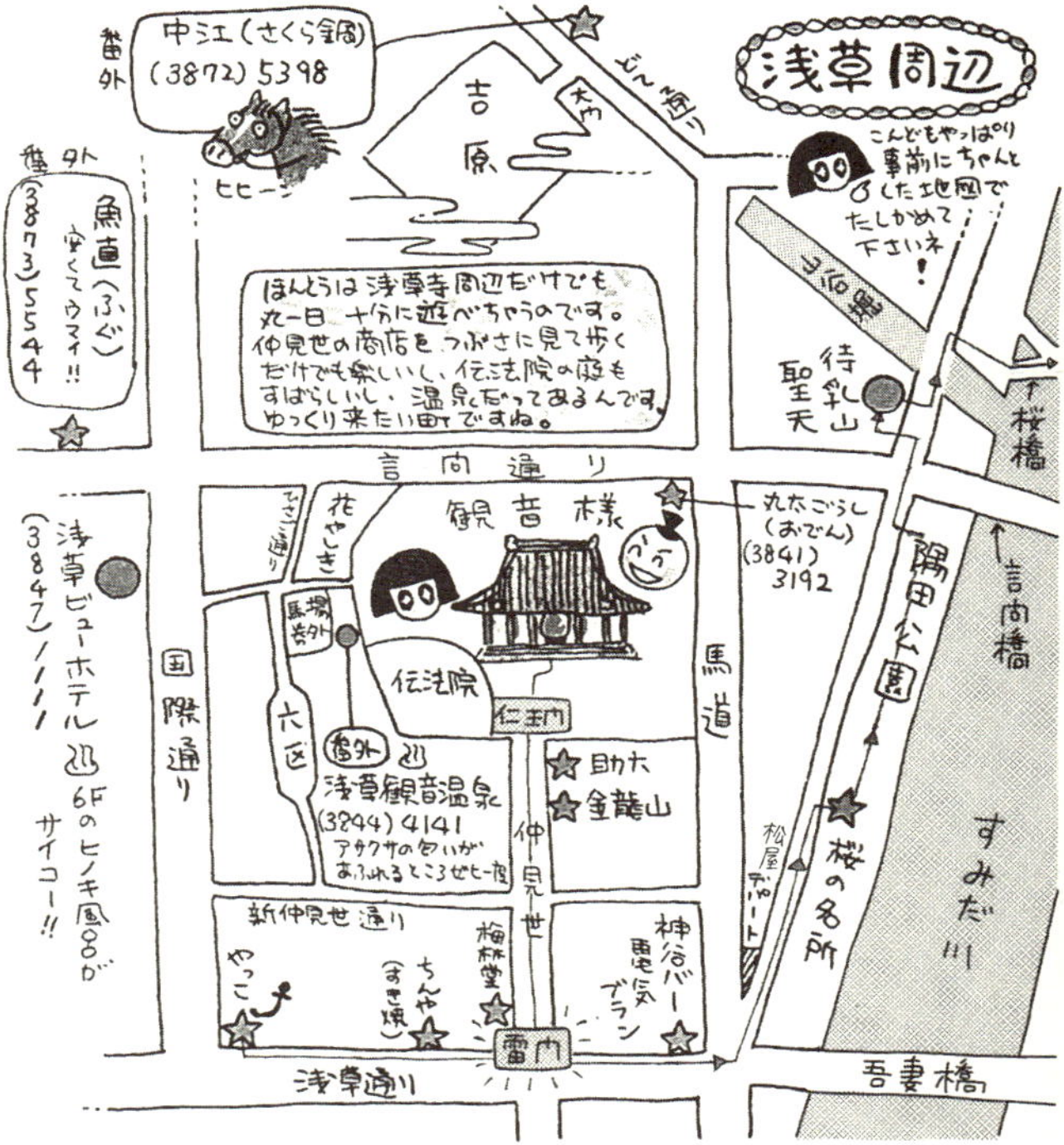

浅草周辺
番外
中江（さくら鍋）
(3872)5398
ヒヒーン
吉原
大門
どん通り
こんどもやっぱり事前にちゃんとした地図でたしかめて下さいネ！
番外
魚直（ふぐ）
安くてウマイ!!
(3873)5544
ほんとうは浅草寺周辺だけでも丸一日十分に遊べちゃうのです。仲見世の商店をつぶさに見て歩くだけでも楽しいし、伝法院の庭もすばらしいし、温泉だってあるんです。ゆっくり来たい町ですね。
言問通り
待乳山聖天
桜橋
ひさご通り
花やしき
観音様
丸太ごうし（おでん）
(3841)3192
言問橋
浅草ビューホテル
(3847)1111
6Fのヒノキ風呂がサイコー!!
国際通り
場外馬券
六区
伝法院
仁王門
馬道
隅田公園
番外
浅草観音温泉
(3844)4141
アサクサの匂いがあふれるところ也ヒ一度
助六
金龍山
仲見世
桜の名所
松屋デパート
すみだ川
新仲見世通り
やっこ
ちんや（すき焼）
梅林堂
神谷バー
電気ブラン
雷門
浅草通り
吾妻橋

もあるかと思いますが、それはほうっておいて、再び浅草通りへ出ます。国際通りと交差する角に二百年続く名代蒲焼《かばやき》「やっこ」（☎3841・9886）があります。江戸前の濃厚な甘辛のタレを味わいつつ軽く一杯、雷門を過ぎて吾妻《あづま》橋まで歩き、橋は渡らずに隅田公園に入ります。

ここが桜の名所、花びらをくぐって北上、待乳《まっち》山の聖天《しょうてん》さんへ行きます。聖天さんの別名は歓喜天《かんぎてん》。男女の神様が抱擁し合っている尊像で、和合の神様です。江戸ッ子には古くから大人気の、それはそれは心強い神様です。ぜひとも胸の内、祈願してみてください。

さて、ここから桜橋（歩行者専用の新しい橋）を渡って向島《むこうじま》へ行きます。江戸のころなら舟渡しです。

酒のあとの甘味もオツ、で「言問《こととい》団子」（☎3622・0081）、「長命寺《ちょうめいじ》さくらもち」（☎3622・3266）どちらも目と鼻の先です。三世豊国《とよくに》の美人画にも描かれた名菓を、対岸の桜をながめつつ賞味するのも格別です。

土手ぞい、少し川下には、歌舞伎《かぶき》の書き割りでご存じの「三囲《みめぐり》神社」があります。ここの正面は向島花街見番《けんばん》通りで、今でも料亭の並ぶ粋《いき》な界隈《かいわい》です。

ザ・ミヤゲ

● とんだりはねたり（助六）

ピョーンとはねると
傘がはずれて助六が
あらわれる。かわいい――い♡
揚巻《あげまき》（助六のガールフレンドのおいらん）
もあり、ペアで買えば なお良い!!

● 紅梅焼（梅林堂）

二百五十年の味

小麦粉に砂糖を
加えて こんがり焼いた
とても素朴なせんべい。
東京のおばあちゃんなら
必ず なつかしい味
日本茶の友!!

● 浅草餅（金龍山）

なんといっても
屋号と
商品名が秀逸

なんの変哲もない
揚げまんぢゅうでも
三百年の歴史。
うーん、奥が深いのだ。

続いて、隅田公園（さっきの対岸にあたる）へ入り再び花見をしつつ吾妻橋のたもとまで南下します。ここは元、肥後《ひご》細川家の下屋敷跡、今はアサヒのビアホールです。大名の家へおよばれする酔狂な心持ちで一杯ひっかけます。桜にビールもまたウマし。ほろ酔い気分で首都高の真下を（というと風情《ふぜい》がありませんが、隅田の土手を）ぶらりぶらり、両国まで歩きます。回向院《えこういん》の裏手に三百余年の歴史を持つ軍鶏鍋《しゃもなべ》の「ぼうずしゃも」（☎3631・7224）があります。満席のことが多いので予約しておけば安心。空《す》いてたらめっけもん（江戸弁でラッキーの意）てなもんで、立ち寄ってみても可。もし、ダメなら、万年橋まで歩き、橋の手前を左に折れて高橋の「伊《い》せ喜《き》」（☎3631・0005）へ。屋号の伊せ喜より高橋のどじょうで名が通っています。江戸のころは神田で商っていたものの、明治中期にここへ移ったそうです。満席でも、少し待てば大丈夫。くじけず待ちましょうね。高橋から、はるか富士山が眺められたといいます。ここを渡って清澄《きよすみ》通りをまっすぐ南へ清澄庭園へ。久世《くぜ》大和守《やまとのかみ》の下屋敷を明治になって岩崎弥太郎《やたろう》が改造したもので、一見の価値ある名園です。
（夜間は入れません）

さて海辺橋を渡れば、いよいよゴール、江戸の粋、深川《ふかがわ》です。
門前仲町《もんぜんなかちょう》から東、永代《えいたい》通りと大島川の間の路地が、深川の料亭街です。ときおり三

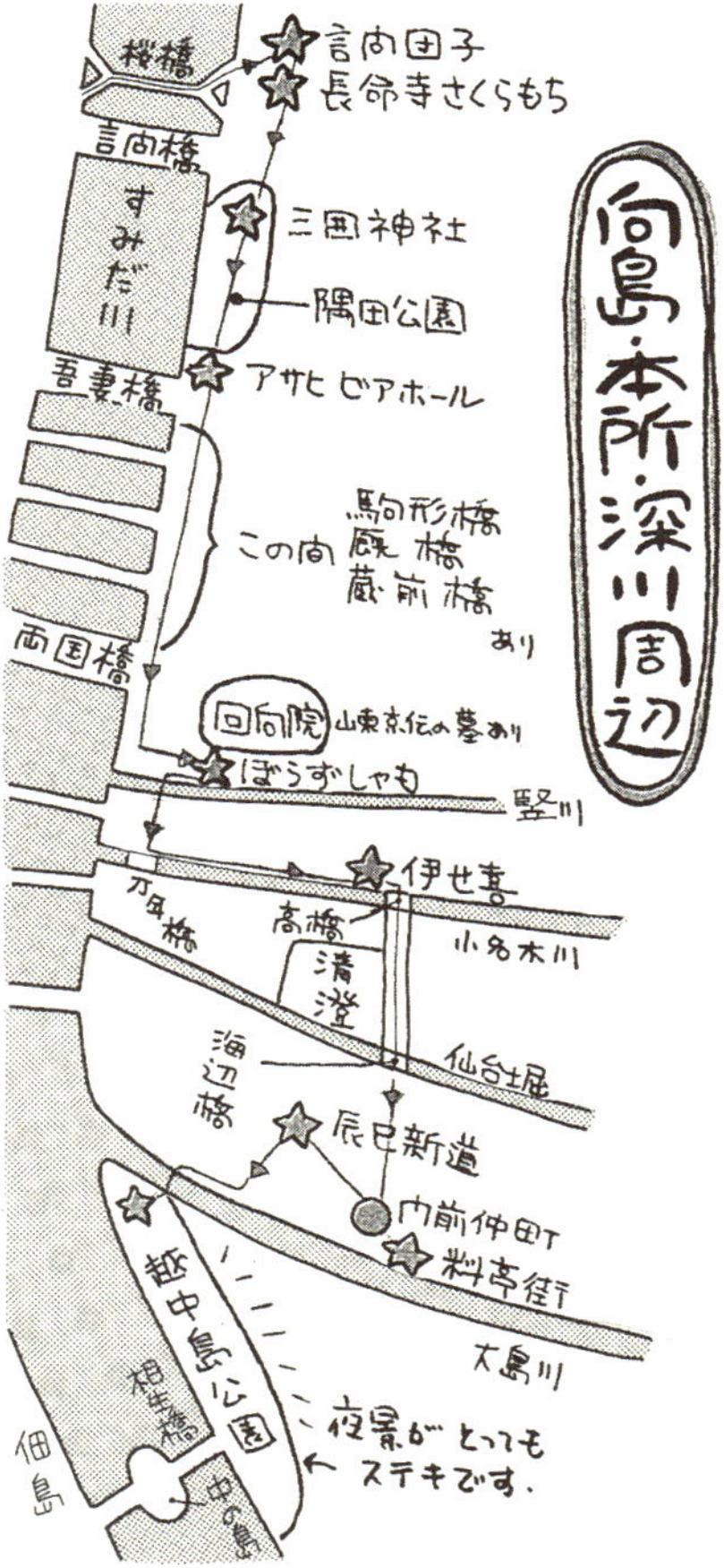

向島・本所・深川周辺
言問団子
長命寺さくらもち
桜橋
言問橋
すみだ川
三囲神社
隅田公園
吾妻橋
アサヒビアホール
この間 駒形橋 厩橋 蔵前橋 あり
両国橋
回向院 山東京伝の墓あり
ぼうずしゃも
竪川
伊せ喜
万年橋
高橋
小名木川
清澄
海辺橋
仙台堀
辰巳新道
門前仲町
料亭街
大島川
越中島公園
相生橋
佃島
中の島
夜景がとってもステキです。

味線の音が聞こえたりして、別天地の感じがします。

料亭遊びはしょせんオジン臭くもあり、私たちにはイマイチです。手っ取り早く、安くておいしい辰巳《たつみ》新道へ行きましょう。屋台の感覚の気楽なお店が並びます。潮の香りも良い肴《さかな》、打ち上げとしては上々かと思います。ここまでで、だいたい十三キロ弱。

余力があれば越中島《えっちゅうじま》公園へ歩いて、酔いを醒《さ》ましながら、埋立地の夜景を眺めるのもオツ。

酒のはなし

江戸の美女は、ふちが薄くて浅い盃を好みました。盃に口をつけた時、深い形のものより口唇がゆがまず美しいから……といいます。
十月一日は『日本酒の日』だそうです。
平形のほうが盃を持つ指もすっとのびてきれいに見える。
遠州形
大原形
玉子形
かすみ
木熊谷
端反

セミと入れかわって、コオロギやスズムシが涼しい風を招く季節……月は冴《さ》え、秋草はあでやかに咲き、これで人肌の燗酒《かんざけ》でもあれば、言うことありません。

四季折々の風流を肴《さかな》に、喜怒哀楽の人情を口実に、古来より無数の盃《さかずき》が重ねられました。

「目出度《めでた》やな、下戸《げこ》の建てる倉もなし、上戸《じょうご》の倉も建ちはせぬけど」

(酒代は浪費というけれど、下戸だったおかげで財産家になったとは聞いたことがないよ。酒を飲んだから金持ちになったなんてことも聞かないけれどね)と江戸人は言います。

なんともまあ、心強い酒友達ではありませんか。秋の夜長のひととき、カタイことは抜きにして、まず一献《いっこん》。

月見酒
① 盃
月見酒はお膳ではなくてお盃を直接床に置いて楽しみましょう。
※満月にはやっぱり丸盃が相性が良いですね。
② 一輪差し
・ススキ・リンドウ
・キキョウ・キクなど
秋の草花が本格的
ツユクサやアカノマンマやノギク、エノコログサなどの路傍の雑草でもフンイキがでるものです。
③ 肴
・シオカラ
・コノワタ
・ウニ
・ノリのツクダニ
etc
お猪口に2,3盛りつける
風流な香り酒
銚子の中に菊の花を一輪浮かべると、ほど良く香りが移ります。
コロコロ
リーン
チリチリ
リーン
リーン
秋の酒は虫の声に耳を傾けながら、ゆっくりしみじみと味わいたいものですね
味にウルサイ上戸にすすめ
変り酒
腸酒《わたざけ》
① コノワタをスプーン一杯位
たたたん たたたん
庖丁で強くたたくようにして切る
② ①を大きな湯呑みに入れて熱めに燗をした酒をたっぷりそそいで召しあがれ。
とくとく
雲丹酒《うにざけ》
① ビン詰めのウニをスプーン半分位
② 大きめの湯呑みに入れて熱燗をそそぐ
◎生ウニの場合は指先でほぐしながらふた切れほど入れて、そそぐ。飲んでみて、塩で味をととのえる。濃厚優雅な風味。
鮭酒《さけざけ》
① 甘塩鮭を薄く切り
② ゆっくりカリカリになるまであぶる。
③ 熱燗をそそいで一、二分後に飲む！
ジュ
鯛酒よりウマイ
どれも肴いらずの天下一品酒!!

「朝もよし、昼もなおよし晩もよし、その合々に、チョイチョイとよし」と詠《よ》んだのは、酒徒としても名高い江戸の粋人《すいじん》・大田南畝《なんぽ》です。

この狂歌は、「朝もよし、昼もなおよし晩もよし、飯前飯後その間もよし」と若干改作されて、奥州白河《おうしゅうしらかわ》の呑兵衛《のんべえ》の墓にきざまれています。

その墓は、徳利に盃をかぶせた形で、戒名《かいみょう》は「米汁呑了信士」。ここまでくれば生前の飲みっぷりもうかがえます。地元ではこれを〽朝寝朝酒朝湯が大好きで、そーれで身上《しんしょう》つーぶした……と民謡にうたわれた小原庄助《おはらしょうすけ》さんの墓だと伝えています。

「箱根からこっちに下戸と化物はいない」と豪語した江戸ッ子たちもまた「朝もよし、昼もなおよし」を地でいっていました。

まず、朝。仕事に出る前に、茶碗《ちゃわん》半分くらいを軽くひっかけます。これは、戸口のところで、火打ち石をカチカチやる「切り火」と同じように、災厄をはらう縁起ですが、朝の一口は、活を入れるドリンク剤の効果もありました。

午後、仕事が一段落すると、昼食とおやつを兼ねて、また軽く一杯。

帰宅して、風呂《ふろ》あがりに晩酌。ゆっくり夕食をすませて、寝る前に一杯。これだと一日に五合くらいは軽くいってしまいます。江戸ッ子がケンカっぱやいのは、いつもほろ酔いかげんだったせいかもしれません。

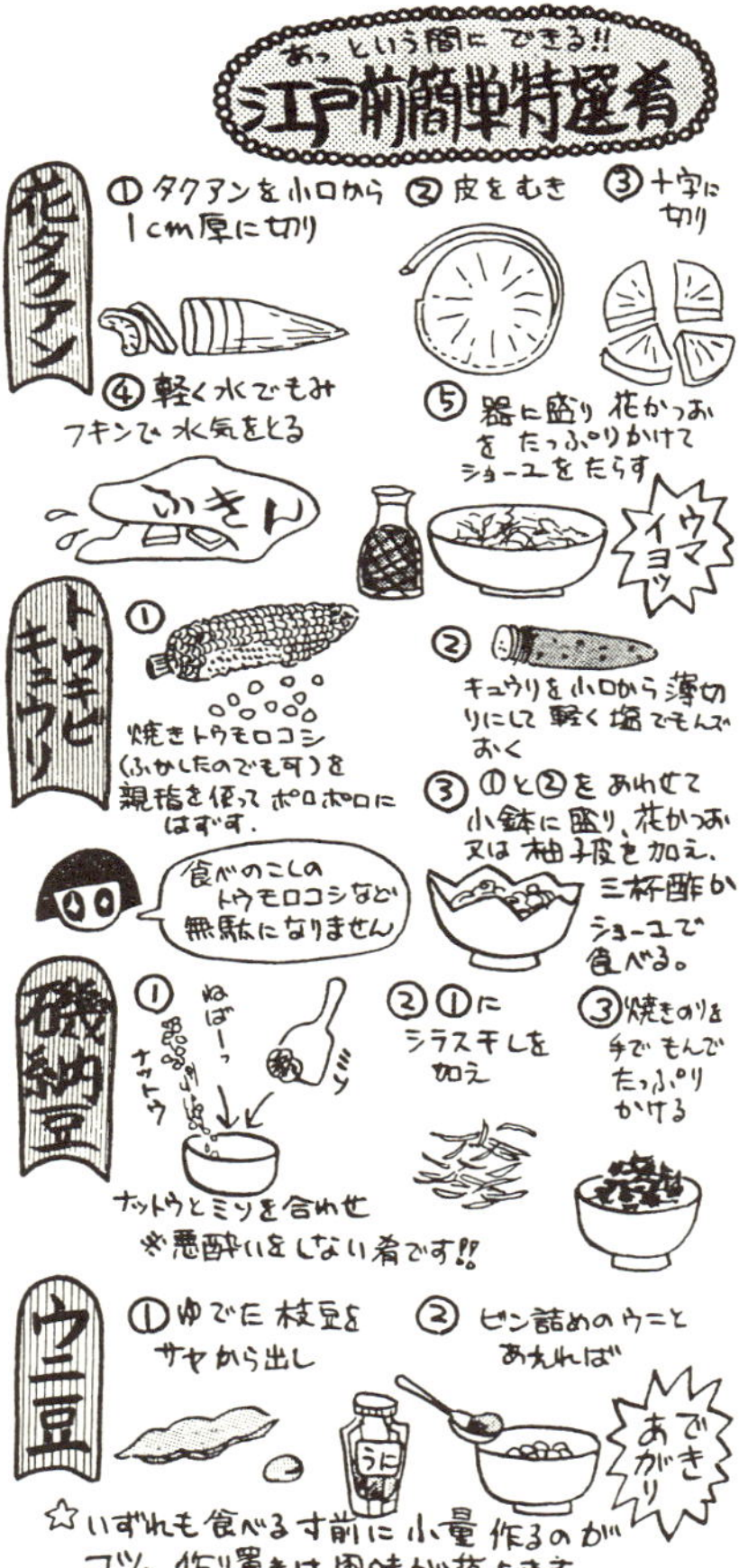
あっという間にできる!!
江戸前簡単特選肴
花タクアン
① タクアンを小口から1cm厚に切り
② 皮をむき
③ 十字に切り
④ 軽く水でもみ フキンで水気をとる
ふきん
⑤ 器に盛り 花かつおを たっぷりかけて ショーユをたらす
ウマイヨッ
トウキビキュウリ
① 焼きトウモロコシ（ふかしたのでも可）を親指を使ってポロポロにはずす。
② キュウリを小口から薄切りにして軽く塩でもんでおく
③ ①と②をあわせて小鉢に盛り、花かつお又は柚子皮を加え、三杯酢かショーユで食べる。
食べのこしのトウモロコシなど無駄になりません
磯納豆
①
ねばーっ
ナットウ
ミソ
ナットウとミソを合わせ
② ①にシラスボシを加え
③ 焼きのりを手でもんでたっぷりかける
※悪酔いをしない肴です!!
ウニ豆
① ゆでた枝豆をサヤから出し
② ビン詰めのウニとあえれば
うに
できあがり
☆いずれも食べる寸前に小量作るのがコツ。作り置きは風味が落ちます。

こんな時代ですから、斗酒《としゅ》（多量の酒）を誇る酒豪の武勇譚《たん》にも事欠きませんが、なかにはこんなホッとするエピソードもあります。

浮世絵師の一勇斎国芳《くによし》が下積みのころの話です。一日絵を描いて夕方、手元が暗くなると、フラリ外へ出て貧乏徳利に酒を二合買ってきます。その徳利を行灯《あんどん》の上につるして灯を点《とも》し、また絵を描きます。夜中、腕がだるくなるまで描くと、ちょうどよく燗ができていて、それを飲んで、ふとんにもぐり込んだといいます。

一日の終わりに、一人無言で飲む行灯酒。燗はじんわりつけるほうが旨いそうですが、この行灯酒の酔いごこちも格別であったことでしょう。

食 PART I

食ショク
一口メモ
ソバ切は徳川初期からソバ屋さんは中期から。赤穂浪士の討入りの時は座敷のあるソバ屋は↓
まだなかった。
一口メモ
古代のごはんは何度も蒸しかえして炊く「強飯《こわめし》」でこのようにコテコテに高盛りした。水炊きするごはんは平安中期以降。
するっ

今は空前の食ブームだそうで、一億総グルメ時代とも言われています。

なるほど子供でも、一口食えば何か言ってみたくなるようで「うーん、化学調味料が卵本来のまろやかな味わいを損ねている」とのたまっているとかいないとか。

大人にしても、三陸沖の本マグロを食いに行こうとか、シェフに今日の材料の仕入れ具合を聞いた上でメニューを決めるなどという、きいたふうなことをするようになりました。

これは、食通の文化と言うより、食通ごっこというゲームです。

こんな時代がかつてもありました。江戸最後最大の爛熟期《らんじゅくき》、文化《ぶんか》・文政《ぶんせい》のころです。

浅草・山谷《さんや》の「八百善《やおぜん》」（創業宝暦《ほうれき》年間から現在に至るが、平成十五年に閉店）が、食通の檜《ひのき》舞台で、そこには数々のエピソードが伝えられています。

たとえば、ある時、酒井抱一《ほういつ》（姫路城主・酒井忠以《ただざね》の弟、第一級の通人）が、ここの刺身を一口食べて箸《はし》を置いたので同席の者がいぶかしんだところ、「研ぎたてですすぎの足りない包丁の移り香がある」と言ったという話などです。

あきれる話は、まだあります。

通人が二、三人、酒を飲み飽きたからうまい茶漬でも食おうと八百善へ立ち寄った。しばらくお待ちあるべしと、半日も待たせて、ようよう、初ものの瓜《うり》と茄子《なす》の粕漬《かすづけ》を塩だしして刻んだ香の物と煎茶《せんちゃ》を出した。さらさらと食って、いざ勘定となると一人前一両二分（米価に換算すれば十一万円強）だという。客が目を丸くすると、亭主は「茶に合う水を玉川まで早飛脚《はやびきゃく》に汲《く》みに遣わしました代金でござります」と答えたという。山谷から多摩川まで、時間もお金もかかるのは道理です。

もうひとつ、こんな話もあります。

幕末、曽谷士順という医師が、しゅうとの長崎奉行・高橋越前守《えちぜんのかみ》の家でごちそうになった時のこと。箸休めに添えられたハリハリ漬があんまりおいしかったので尋ねると、八百善のだという。次の日さっそく召使いに五寸（直径十五センチ）ほどの容器を持たせて買いにやった。すると代金が三百疋《ぴき》（約五万円強）だという。その訳は「手前どものハリハリは尾張から取り寄せた一本選《よ》りの細大根を、辛味の出るのをおそれて水で洗わずに、はじめからミリンで洗って漬けるので高価につく」というのであります。

こんなのは洒落《しやれ》と心得て、笑ってすごせばよいのでしょうが、どうもキザが過ぎます。

私は、どちらかというと、同時代に催された「大食会」のほうが好きです。ただただめっぽう食ったが勝ちという馬鹿馬鹿《ばかばか》しさは爽快《そうかい》です。

この手の会で最も名高いのは文化十四年（一八一七）三月二十三日、両国柳橋《りようごくやなぎばし》の万八楼《まんぱちろう》で催されたものです。酒一斗九升五合、せんべい二百枚、飯六十八杯などという途方もない珍記録が残っていますが、ちょっと眉《まゆ》ツバものです。

万八楼というのは実在の料亭で、正式名を万屋《よろずや》八郎兵衛といいます。が、ここで催された、というのが、そもそも洒落で、万八というのは嘘《うそ》の符帳なのです。（万八楼の大食会があまりにデタラメなので、それ以降、嘘を万八というようになったという説もありますが、それはヌレギヌで、大会から先立つこと四十二年前安永《あんえい》四年刊の『物類称呼《ぶつるいしようこ》』に既に収録されている流行語でした）同じ洒落なら、こっちのほうが稚気があって許せます。

ともあれ、昨今の食通ごっこの悪乗りには、いささか食傷気味です。高橋義孝《よしたか》氏の

『食べもの考』より一文を引いて消化のたすけにしたいと思います。

やって来る客の多くは、本当はうまいものの味などわからず、ただどこそこの何はうまいという観念を食べにくるだけなのである。つまりうまいものをうまいと思って食べることのできる修練を前もって積んでいないのである。（中略）有名な食べもの屋が異常に繁盛《はんじょう》し、誰もが好むときに有名な食べ物を食べることができるという、今日この日本の食生活の民主主義的繁栄は、実は日本の食べものの文化の堕落を意味しているのではないだろうか。

なんてね。

文化十四年三月二十三日
万八楼
大飲大食会の記録
(『文化秘筆』より)
酒
1斗9升5合
(35ℓ)
芝口
鯉屋利兵衛(38歳)
・酔いつぶれて目を覚ました時
茶碗に水を17杯飲んだ
一口メモ
大きな盃のことを
「武蔵野」と言います。
そのココロは↓野見尽されぬ
飲み尽されぬ
むかしの武蔵野は 果てしない
野原であったため
菓子
ランクづけ不可能のため
ツワモノドモを列挙します!
①神田
勘右衛門(53歳)
饅頭
50個
羊かん
7本
薄皮餅
30個
茶
19杯
②八丁堀 いすや清兵衛(65歳)
饅頭
30個
鶯餅
80個
松風
30枚
たくあん
まるごと
5本
ウップ
高齢の方が
タクアンを
5本も召しあがって
ヨロシイのでしょうか!

③
丸山片町
足立屋新八（45歳）
今坂餅 30個
煎餅 200枚
梅干 2升
茶 17杯
ド迫力!! せんべい二百枚、梅干、なななんと二升!!
④
麻布
亀屋佐吉（43歳）
あま酒 50杯
菜漬 3把
本郷春木町
よし野や幾右衛門（53歳）
うなぎ
ヌルッ!
ハッ
筋代一両三分
当時、ウナギは立食い十六文
店では一皿百五十～二百文
二百文としても約150皿分!!
アブラ～～
飯
ごはんと好物の組合せ
①
駿河町
万屋伊之助（50歳）
68杯
しょう油 2合
②
浅草
和泉屋吉兵衛（73歳）
50杯
唐辛子 5把
ピリリ!!
エッ!!
新吉原
桐屋五左衛門（45歳）
そば
もりそば 63杯
番外
明治十一年二月の
大食会でなま米
1升7合食った
加藤さん（22歳）
キャーッ

食 PART II

豆腐
一口メモ 化学調味料のない時代の料理ですから調味料は天然の風味が命です。少し高価でも、塩は海水からの天塩、醤油は無添加の上等のもの、鰹節は、パックでなく一本のものを削って下さい。香り、甘味が違います。

トーフはトーフ屋さんでが基本です。

東京では下町のトーフが昔風で堅く、山の手が柔らかだそうです。

加賀名物「堅とうふ」荒なわを十文字にかけてぶら下げられる。

しかし、まァ何といっても、わしらの世界で一番うまいのは豆腐で、古来『豆腐百珍《ひゃくちん》』といって百通りの料理がある。昆布を敷いて湯豆腐を生醤油《きじょうゆ》でたべるのもうまいが、醤油の中へねぎを切り込んだりするのはいけないことじゃ。（中略）豆腐の一番うまいのは生のままへ醤油をかけてたべるのじゃが、豆腐が出来るのを待っていて、水へ入れずにすぐ皿にとり、温かいうちにすぐ食べるのじゃ。（中略）わしは金物で豆腐を切るのは絶対に禁じている。あれは木のしゃもじのようなもので切らなくてはいけない。水へ入れておくのは愚の至りじゃ。（『味覚極楽』中公文庫より）

うー、思わずノドがゴクリと鳴ってしまいます。語り手は増上寺《ぞうじょうじ》大僧正・道重信教氏、聞き手は時代小説の名手となる以前の、新聞記者時代の子母沢寛《しもざわかん》、昭和二年のころのことです。

私は、江戸の味覚を考える時、いつもこの道重大僧正を思い出します。各界の名士の味覚談義の中にあって「冷飯に沢庵《たくあん》はうまいものじゃ」に始まり、大根、豆腐の味わいを語る痛快さといったら最高です。大根は「昆布を敷いたのへ、皮をむかずに二つ位にポキリと折って煮たの」がよろしい。豆腐は冒頭のごとく「生のままを醤油で」が一番、そして「砂糖などを使ったり、外のものを入れて味をとったり鰹節《かつおぶし》をかけたり」しては、せっかくの味がなくなるという主張には、江戸人の意気を感じます。

さて、今回は、江戸を味わってしまおうというんで、大僧正の話にも出た『豆腐百珍』に白羽の矢を立ててみました。

天明《てんめい》二年（一七八二）、大坂でこの書が出版されるや、大評判を呼び、たちまち江戸を巻き込んで、第一次食ブームを起こしました。

それまでの料理本が実用一辺倒で、さまざまな料理法や、献立を紹介するのみだったのが、『豆腐百珍』では、素材を一品に限定して、料理法のバリエーションを楽しんでおり、同時に、豆腐に関する和漢の文献や詩歌を並べて、料理を知的興味の対象としています。

この新味が時流になって、次の『豆腐百珍続編』も、たちまちベストセラーとなり、なんと豆腐だけで、正続あわせて二百三十八種もの料理法を紹介しています。以来「百珍もの」と呼ばれる料理本が、長く江戸・大坂の出版界を席巻《せっけん》し、『鯛《たい》百珍』『甘《かん》藷《しょ》百珍』『海鰻《かいまん》百珍』『玉子百珍』とおびただしい追従書を生み、百珍時代を築きあげました。

これらの料理本が、どれほど実用に使われたかは定かではありません。というのは、著者が料理人とは限らず、いわゆる当時の粋人《すいじん》が思いつきだけで（試作もしないで）著したものが多く、どちらかといえば、読み物としてのおもしろさを狙《ねら》った感じがあり、食に関する知的好奇心を満足させるための本といえます。

おそらく、これを読んで実際に作ってみた人はわずかではないか、なぜなら、その料理法のほとんどが伝承されていないからです。とはいえ、その時代の文化的水準は十分にうかがうことができます。

このうちの何品かを選んで、紹介してみました。どれも、調理法が簡単でしかし美味である（と思う）逸品です。ぜひ、今夜にでもおためしください。

豆腐といえば忘れられない話があります。越後《えちご》長岡《ながおか》藩主・牧野忠敬《ただたか》（七万四千石）は、藩財政立て直しのため、ハードな倹約を実行し、自ら進んで木綿を着用し、豆腐

おつまみスナック
霰《あられ》とうふ
①フキンに包んで1/2の厚さにまで押す。
まな板二枚あると便利
急ぐとつぶしちゃうのでじわじわと時間をかけて下さい。
②1.5㎝角に切り
万能こし器に入れ円を描くように軽く振る。角がとれてボール状になるまで約二十分……TVを見ているオトーサンの手を借りよう
水平に
③190度の高温の油で揚げる
温度が低いと水分が抜けてスカスカに…高温でサッと狐色になったら熱いうちにパッと塩をふってパクリ
ジュッ
滋味豊富
ふはくとうふ
①すりばちでトーフをすり、とき卵を少しずつ加え、よくすり合わせる
トーフ1/3丁に卵2コ
たた
②だし汁（鰹節と昆布でとる）を、塩・醤油で調味し、煮立ったら①を入れる。
このとき「の」の字を描くように入れて下さい
とろーり
400cc
火は強火
③フタをして10秒、火を止める。鉢に移し、白こしょうを少々
醤油は「白じょうゆ」を使うとキレイ
ふゆ ふゆーん
オクラをきざんで少々まぜても美味。ソバの上にかけてもまた良し
珍味 和製チーズ
味噌漬とうふ
①1/2位に押したトーフをガーゼに包み、トーフの半量くらいの味噌の中へ漬け込む。
この時、味噌が硬いからといってミリンや酒でといてはイケナイ
②夏は冷蔵庫へ、冬ならそのまま一晩寝かせる
ふたのできるバットが良い
③ガーゼを外して好みの大きさに切る
オツだね
おミソは赤・白、何でもけっこう。味噌が上等だと出来が違います。グルメのお客さんが「おっ！」といいます。

その名もめでたい

合歓《ごうかん》とうふ

① 切りモチとトーフの切り方次の如し

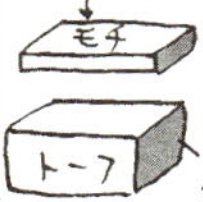

タテとヨコはあとで重ねるのでそろえる。

② 別々に湯で温める

トーフはゆらりーと浮いたところで穴杓子ですくい器へ。

モチはナベ底にくっつかないように。柔らかくなったらトーフに重ねて盛り付ける。

③ ゆるゆるの葛あん(だし＋醤油＋塩＋片栗粉)を、たっぷりかけ、仕上げに生姜汁を落とし花かつおを天盛りに。

ホワーン

トーフの上のモチがすべりやすく、テーブルへ持って行くまでに落っこっちゃうので、トーフの中央をスプーンでくり抜いて丸モチを入れるもよし。

大名のおかず

八盃《はっぱい》とうふ

アアラ簡単 ダシいらず

① 水6つ、酒1つを煮立て、醤油1つを入れる

② 煮立ったらトーフをソロリと入れ、ゆらーりと浮く煮えばなを盛る。

③ 上に大根おろしかモミノリをパラリ

この他に、夏場「釣《つり》とうふ」なるものを良く食している。何かと思ったら井戸の中へ釣ったトーフ、「冷やっこ」のことだった。ああ質素。

単純な料理ですが「大名のおかず」と思えば味わいもひとしおかと存じます。

幻の秘伝 門外不出

腐《ろく》乾《じょう》

ただし成功するとは限らない

豆腐は豆を多く使った濃度の高いものを用いること!

① 1/2に押したトーフを小口から2cmずつ切る。正しくは、これを一枚一枚手の平の上で粗塩をまぶすのである……

が、濃い塩水でじっくり煮る方が良い、とも言う。

②

これを板の上に並べ天日です。朝出して夕しまうのを2週間続ける

なんと!

③

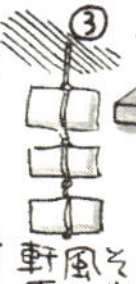

それをナワであんで風通しの良い軒下に、更に2週間

④ カチコーン

まっ黄色

—となったら、鰹節のように鉋で削り、湯戻しをして、和えもの、煮もの、汁もの、スキヤキの具などに使う。

トーフ通なら、一度は食してみたいロクジョウ。秘伝だけあって素人にはムツカシイ。「六浄豆腐」という商品名でわずかに山形に残っているらしい。

半丁をおかずとして五年間過ごしました。主君が質素にすれば、家臣は皆それにならいますから、効果は絶大でした。彼が藩主になったのは十六歳の時、それから足かけ五年間の倹約のため国庫もうるおってきた、が、その矢先に二十歳で若死してしまいました。あわれです。

江戸後期は、どの藩も深刻な財政難により、想像以上の倹約を余儀なくされ、多くの大名が献立に豆腐を用いました。

現存する下野壬生藩《しもつけみぶ》・鳥居家（三万石）の食事記録によれば、献立は一汁一菜、そのお菜は月に一日を除き全《すべ》て豆腐料理でした。同じころ、江戸の職人は一汁三菜、庶民は百珍ブームに浮かれていました。

食 PART III

料理
江戸料理の基本「懐石」一汁三菜
①汁（吸物・椀物）②膾（お造り）
③焼物　④煮物
「汁一つ、菜二つ三つ、酒も軽くすべし」とあり簡素を旨としています。
どの椀も、ホンノ一口ずつ、腹にたまらないように工夫されているのです。
汁
飯
膾
附合
プラス
平皿
一口メモ
良い大根の選び方
①皮にツヤと張りがあり、指ではじくと、さわやかな澄んだ音がする。
②葉の付け根が細くて葉の色が鮮やかでやわらかい
③形に無理がなくすんなりしている。

空気もキリリと引き締まり、何を食べてもおいしい季節となってまいりました。松《まつ》茸《たけ》、栗、秋刀魚《さんま》とくれば、お次の旬《しゅん》は大根です。

大根は一年中お目にかかれるものですが、夏場のは繊維が固く、しかも生食には辛すぎて、どうも粗野なものですが、これが寒くなるほど、水分もきめも、甘味も増し、おてんばな小娘が、たおやかな娘となるように変わっていきます。

前回の豆腐もそうですが、大根も江戸人にとっては、なくてはならぬ身近な食品でした。

明治初期に来日し、大森貝塚を発見したアメリカの生物学者エドワード・モースは「日本には大根の他、ロクな野菜はない」と言い切っています。

私たちにも馴染《なじ》み深い大根、意外にも外来野菜なのだそうです。鎌倉期には普及していたとみえ、日蓮上人《にちれんしょうにん》の見た大根は「大仏殿の大釘《おおくぎ》」ほどの太さだったといい、

『徒然草《つれづれぐさ》』にも、薬草としてちらりと名が見えています。品種改良が進められたのが室町中期、女性のふくらはぎのように立派に完成したのが、わずか三百年前、元禄《げんろく》のころなのだそうです。

もともと貧弱な外来野菜だった大根を、惣菜《そうざい》頻度ナンバーワン野菜にまで高めたのはまさに大和魂のたまもの。欧米でJapanese Radishと呼ばれるのもむべなるかなです。

ちなみに、日本原産の野菜は、フキ、セリ、ウド、ワサビ、ジュンサイ、ゼンマイ、ワラビの七種のみと言われています。

生で、煮て、漬けて良し。食べ過ぎ、飲み過ぎ、美容と健康に、さらに熱さましや咳止《せきど》め・頭痛止めにも効果があり、安くておいしいとくれば、もー何も言うことはありません。

大根は、いくら食べ過ぎてもあたる心配はないから、ヘタな役者を「大根役者」と言うのだとはよく知られた説ですが、正確には、大根があたらないのではなく、大根といっしょに食べるとあたらないと解すべきだそうです。ソバや豆腐や、あらゆるものにちょいと大根おろしを添えるのは、薬味というより〝毒消し〟の意味あいが強かったといいます。

なんとまあおいしい
揚出大根《あげだしだいこん》
① 大根は長さ7cmに切り皮をむいて縦半分に割る
7cm
半分を大根おろしにして、とっておく
② ごま油を175℃に熱し
①を静かに入れる
裏表を返しながら全体が茶色になるまで約6分
串を刺してみて中心が少し固いかなというくらいがちょうど良い
165℃くらいだと、大根が煮たみたいになり、歯ざわり悪し、熱いと色がつきすぎる。
わー
できたてのへしょう油をかけ大根おろしを乗せる。
風呂吹きよりウマイ
林巻大根《りんまきだいこん》
① 大根は4cmに切り桂むきにする
4cm
厚さは2mm
途中で切れてもあとで巻いちゃえば大丈夫!
これに酒をちょっと振って巻きなおし、タコ糸か楊子で止める(このときキつく巻きすぎるとなかなか火が通らないのでユルクね)
② 蒸し器で10〜15分蒸す。
グラグラと勢い良く
③ ねり味噌(あわせ味噌+西京味噌+みりん+酒+あたりゴマ)に、ユズをそえてめしあがれ
二日酔にテキメン
大根塩ぞうすい
① ごはんを水流いしてザルにあけ、水切りしておく
250g
②
おろして200g
ていねいに大根をおろす
鮫皮かおろし金の細かい目でゆっくりね
③ 水を600cc沸し、①を入れ塩をぱらりと振り、煮立ったら弱火にして6分间煮、②を入れて、ぐらりと来たらできあがり。
淡白な味を楽しんで下さい。
だしを入れるとかえって大根臭くなり、醤油をおとしてもダメ、薬味も不要。

さっぱり
さわやか

越前国《えちぜんのくに》大根飯

① 米は洗って、水に30分以上つけておく（水は米の1.5倍量）

② 大根は皮をむき、5㎜角のサイコロ状に、ていねいに切りそろえる。これを、ざっと水洗いし、水気を切っておく。

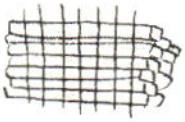

百六本（千六本の太いの）に切って、小口から切ればカンタン。
大根はごはんの2/3量

③ ①に②と塩（少々）を加え、ざっくりとまぜてふつうに炊く。

これも、茶飯風（醤油と酒を加えて炊いた飯）にすれば、もっとウマイだろうと思ったら大違い。かえって、大根臭さが、際だってよろしくナイ。

大根を米の半量にしてもオイシイ！

杉やき鯛

最高のぜいたく
江戸料理の白眉
公開するのがもったいない
極めつけの一品

これぞ江戸の粋！
大根ではありませんが番外紹介いたします。
風流の奥儀です。
友と風雅を味わいたい。

① これは鯛を杉板で軽くあぶって食べるというダケの料理でありますから、材料は神経を用いて揃えて下さい。

。鯛　信用のある魚屋さんで、産地を聞かれたら、ためしに豊後水道と言ってみる。

。天塩・醤油（天然）・本わさび

。杉板　柾目、厚さ5㎜以下巾10㎝以上、長さ30㎝ほどのを5枚

② 鯛は三枚におろしサクに取り、5㎜ほどの厚さに、皮ごそ薄切りする。

鯛の旬は11月〜3月

このとき、ごくごくうすーく塩をすれば、板につきにくく箸で取りやすくなります。

③ 杉板は海水より濃いめの塩水に15分漬け、コンロに乗せる前に、裏側を水で濡らし、塩をべったりつけておくと燃えにくくなる。

④ コンロに炭をおこし、カンカンにおこったら杉板を乗せ、表面が乾いてきたら鯛を並べ身の色が、さっと変わったところを醤油わさびで食す。わさびのかわりに大根おろしも良く合う。

炭は紀州備長炭とくれば言うことナシ。板はこげたら新しいのにとりかえる。

前項、前々項と、江戸の味覚を探求しているわけですが、江戸の味覚を心ゆくまで楽しむには「江戸人の舌」を手に入れなくてはなりません。

江戸の味覚は「三白」――白米、豆腐、大根に集約されます。他に鯛《たい》、白魚を加えて「五白」と数えてもかまわないのですが、共通するのは、どれも淡泊で、デリケートな味わいだということです。

これら「白」を制覇できれば、江戸一流の食通になれるのですが、あいにくと、私たちの舌は、これらに挑戦するには、あまりに「欧化」している点が気にかかります。

ソース、スパイスを用い味のハーモニーを楽しむ技術は持ち合わせていても、素材の奥行きそのものを堪能《たんのう》することには慣れていません。

ためしに一週間、「調味料断ち」をしてみるのが良策です。「調味料断ち」とは、化学調味料、スパイス、ソースをいっさい用いず、塩味（もちろん天然の黄ばんだシケっぽいヤツで、さらさらのナトリウム合成のものは不可）だけで物を食べます。

すると、アラ不思議、お米の銘柄違い、豆腐の豆の香り、大根の産地の違いなど、今まで気がつかなかったことが、わずかながら、わかってきます。

この舌が「江戸人の舌」なのだと思います。

江戸人にとって「料理」とは特別なもので、毎日の「おかず」とは違うものでした。つまり「空腹を満たす」とか「栄養をとる」ということとは無縁で、料理、すなわちこれ「風流」だったのです。生存のためのエネルギー摂取は「菜肴」と言って「料理」とは言いません。

「料理」となれば「香を聞く」とか、「花をいける」とかと同等の「趣味」であったのです。

「舌で解する風流」まずは「三白」から挑戦してみてください。先祖伝来の舌が実力を発揮します。高級料亭へ遠っ走りすることばかりがグルメではありません。

江戸の屋台

行商
へすし売りの一声窓に灯がともり
へすし売りのソソウ鴨居で蹴つまづき
川柳
一口メモ
吉原の寿司売りは へこはだのスゥ あじのスゥー と呼び「スシ」と発音しなかったようです。
ナルホド……

「江戸パック」なるツアーがあるとします。昼間、定石どおりに名所旧跡を見物して、夕方、旅籠《はたご》でホッとひと息。窓にもたれかかって、街々にぼんやり明りが灯《とも》されるのを眺めます。

しばらくの間、私は、町の声に耳を澄ます。洞光寺の大きな鐘の音が闇《やみ》をわたって、柔軟な仏教の雷音をとどろかす。一杯きげんで夜の散歩に出た人の鼻歌の声。夜の物売りがいい声で長ながと呼んで歩く声。「うどんやい、そばやい」これは熱いソバを売る商人が、その日の売りじまいに回ってくる声だ。（ラフカディオ・ハーン『日本の風土』より）

私たちは、たぶん、ハーンと同じような「町の声」を耳にすることでしょう。

江戸の町には、あらゆる種類の行商人が路上を行き来しています。幕末に来日した外国人は「一歩も戸外に出ることなく、いっさいの買物の用を足すことができる」と、江戸の町の便利さを言っています。これらの行商のうち、飲食物に関しては、終夜、行われていました。

江戸も後期になると、重商主義の政策が庶民生活を豊かにしたので、それまで貴重品であった灯油が気軽に買えるようになってきます。結果、江戸市民は、幕末になるほど宵っぱりになりました。夜遅くまで起きているから腹が減る、というわけで飲食物の屋台が、にわかに増えだしました。

今でも、夜中に仕事をしていると、チャルメラが聞こえてくることがあります。屋台の食べ物は、なにかしら郷愁があって、さほど空腹でなくとも食べたいような誘惑にかられます。

江戸の夜は、自動車の往来がないから落語の『うどんや』みたいに、じいさんがしわがれ声で「うんどん、そばきりィ」とつぶやいても、けっこう効果があったようです。

寿司《すし》、天ぷらといえば、今ではゴチソウの類《たぐい》に入っていますが、もとは屋台から発生したもので、婦女子はもちろん、硬派の殿方なども口にせぬ下司《げす》な食べ物でした。

寿司は、おおむね「こはだ・鯛」などの押し寿司で、四角な箱を幾重にも重ねたものを肩にして、〽すしやァこはだのすしィ……と呼ばわって歩きました。芝居ですと寿司売りは声の良い二枚目の役どころで、花街なんぞを流していると、色っぽい姉さん連中に「アニさん、ひとつ」と声をかけられるわけです。握り寿司は、文政《ぶんせい》の初め、両国の華屋与兵衛という人が発明したといわれています。はじめ、おか持ちに入れて売り歩いたのが、あまりに評判が良いので屋台店を出したといいます。

握りも、今のように、生のネタを酢飯の上にのせるのではなく、ネタに味が付けてあり、お手塩の醤油にいちいちつけなくても、握ったそばから口にほうり込めるようなものでした。今でも、都内に「味付ネタ」の古風な握りを食べさせてくれるお寿司屋さんが（私の知るところでは）数軒あります。

天ぷらも、お座敷料理ではなくて、立ち食い物でした。江戸の初期には油を使ったいろいろな料理を「天ぷら」と呼んでおり、その形態、調理法も種々ありましたが、中期以降、寛政《かんせい》頃になると「魚の衣揚げ」を「天ぷら」と呼ぶようになりました。

ところが京坂《けいはん》では、天ぷらといえば、東日本で言う「さつま揚げ」、つまり、魚肉をミンチ状にしたものを揚げたものを指し、今でも、「衣揚げ」と「さつま揚げ」の

茶飯
江戸市中でいちばんポピュラーな夜食
茶飯にあんかけ豆腐をかけて客に出した。いなりずしも夜のスナックで、これと同じ扮装で売り歩いた。花街に多し。
あんかけ
※これは床見世
軒下や橋のたもとなどで売る。
天麩羅
天ぷら
そば
二八

水売り
夏場のヒット商品。
〜ひゃっこい ひゃっこい と呼び歩く
一杯四文ほど 砂糖で味付けした江戸の「清涼飲料」
水桶
かりん糖
〜カリントウー カリントウー 深川名物カリントウー と呼び歩く
昼夜かまわず でかい提灯を 持っているのが目印
深川名物
※当初は花梨(果物)を細く切り黒砂糖で煮た菓子だった。
粟餅
ヨシズ張りの床見世
寺社開帳など、人が集まる所の路傍で売ることが多い。
「曲舂《つ》き」といって杵を投げ上げて落ちて来る寸前に餅を取って カコーンと空杵をつかせたりする。
次は「曲取」で 一握して指の間に一個ずつ団子を出し(それは四つとも同じ大きさだそうだ) 二、三メートル先にあるキナコのザルに投げ入れる。
たのしそうですね

二種の食品を一様に「天ぷら」と呼ぶ場合がままあるそうです。

屋台というのは、持ち歩ける設備のことで、人ひとりが肩に担《にな》える程度のものですから、いたって簡素な造りです。車付きの屋台は、明治に入ってからできました。もう少し規模の大きい、ほぼ毎日決まった場所に出る屋台を「床見世《とこみせ》」（京坂では「出し見世」）と呼びます。これは解体すれば移動可能で、公的な行事のある時は撤去を命ぜられます。

これらの小型飲食店は一町内に一、二軒はあり、持ち歩きも一晩に七〜十人は通り、いずれも朝まで終夜営業です。

江戸も東京も、夜が長く楽しい都市であったことは、変わりがないようです。

相撲　PART I

〽ままになるなら横綱張らせよ
アードスコイドスコイ
アー　廻《まわ》しの模様は隅田川
百本杭には都鳥《みやこどり》　ホイ
しののめ鴉《がらす》が二羽三羽
かすかに見えるは富士の山　ホイ
ストトコトンと打ち出す太鼓は
向こう両国国技館

やー、コウ来ると、モウ仕事なんかやってられませんや。目には青葉山時鳥《やまほととぎす》初鰹《はつがつお》、向こう両国国技館、というわけで折も折、今度は相撲であります。

どこが好きったって、姿が良いじゃあござんせんか。江戸の三男といやぁ、与力《よりき》（八丁堀《はっちょうぼり》の旦那《だんな》ですな）力士に火消し（鳶《とび》）の頭《かしら》と決まったもんです。今だと何でしょう、歌手、役者に野球の選手でしょうかねえ。

ともあれ、今、カツラじゃないチョンマゲが見られるのは相撲だけであります。私たちが見るあのチョンマゲは大銀杏《おおいちょう》で、関取といえば、あれを結うことになってるんですが、昔は皆てんでに似合う髷《まげ》を工夫して結ったもんでして、若衆髷《わかしゅわげ》あればやぐら落としあり、五分《ごぶ》立髪《たてがみ》があれば合鬢《あわせびん》があるというように、お客の目を楽しませてくれたようです。

なかでも、初代の両国梶之助《かじのすけ》という人は大変な美男子で、土俵に上がる時は白粉《おしろい》を塗って、艶《つや》やかに結った前髪立に二枚櫛《ぐし》をさしたといわれています。

白粉というのは諸説ありまして、いやあれは、まるで白粉を塗ったように色白だったというのが有力なンですが、櫛のほうはほんとうだったようです。

櫛なんかさしちゃあ、けがでもしやすまいかと思いますが、これは、当時、頭突きをして相手を負かすなんてのは拙《つたな》いように思われていたので、おれァそんなこたァしないぜという看板にさしてたんだそうです。その上彼は、相手によっちゃ、櫛が落ッコッたら負けにしてやらァとタンカを切ったといいます。

子供じみているといやあそれまでですが、ソコがおもしろいじゃありませんか。

この櫛をさすのは流行だったらしく、髷の前のとこにチョンと櫛をさした力士の絵が何通りも残っています。


昔の相撲はなかなか荒っぽかったとみえて、天下無双を誇った雷電為右衛門《らいでんためえもん》は土俵上で相手を投げ殺してしまったので、以来、彼に限って、張り手、鉄砲、かんぬきの三手を禁じたといいます。

江戸の力士といえば、まず谷風《たにかぜ》に小野川《おのがわ》でしょうが、私はやっぱり、この雷電をひいきにしたいです。

身長百九十七センチ、体重百六十九キロという、琴風《ことかぜ》や水戸泉《みといずみ》をひと回り大きくしたような記録の残る巨漢力士ですが、大きいうえにも大きくあってほしいという世人の望みが託されてますから、実際の体格は割引いて考えたほうがよさそうです。

この雷電、互角に組み合う相手がいなかったほどずば抜けて強かったものの、終生大関で終わりました。

彼がなぜ横綱になれなかったのかは、いまだに大きなナゾとなっています。考えられることは、あまりに強すぎたため、周囲に恨まれたのではないかということと（一

やぐら落とし
（シブイ）
五分立髪
（不良ッポイ）
合鬢
（スポーツマン的）
振り分け若衆
（ヤンチャ坊）
TANIKAZE KAJINOSUKE
1750 − 1795
二大横綱
ONOGAWA KISABUROH
1758 − 1806
二枚櫛ってのは花柳界の女性の風俗なんです。それをタクマシイ男がするンですから、ブキミに色っぽいですねー
二枚櫛
両国梶之助

GREAT RAI DEN
1767 — 1825(?)
TAME EMON
おぉ、ライデン好きだッ
・当時の力士には珍しく能筆家
筆まめで「雷電日記（諸国相撲控帳）」、「万《よろず》御用覚帳」を残している。
・成績は
254勝
10敗
14預り
2引分け
5無勝負
通算32場所中
優勝27回
連勝44
墓所は赤坂
報土寺
法名「雷声院釈関高為輪信士」
身長
1m97cm
体重
169kg
・少年の時
馬をかつぐ。
・23歳で「雷電」を名乗りデビュー。
いきなり関脇。
・初土俵で
8勝無敗
・デビューから4年で最高位の大関となる
・以後
大関在位
16年半。
雷電

時の元大関・小錦《こにしき》のようです）、当時は「横綱」というのは位ではなくて称号であり、あくまで最高位は大関だったから、彼は執着しなかったのだろうということです。もうひとつ、風貌《ふうぼう》の点で損をしたのではないかというのがあります。つまり横綱は、技量はもちろん、人格、容姿も完璧《かんぺき》であることを要求され、それを満たせなかったというわけですが、これは現代的発想だなァと感じます。

私個人としては雷電の顔、ヒジョーに好きですね。

彼については楽しいエピソードがいっぱいあり、たとえば、お酒を二斗（三十六リットル）ペロッと飲み、鼻歌を歌ってユーゼンと帰っていったというのが、マア眉《まゆ》ツバもんですが似合っています。あと彼は大変なフェミニストで、小娘が彼の胸をちょんと突っついたら、大げさにズデーンとひっくり返ってたとか、映画『００７』のジョーズと金髪のおさげ少女のようで、こんな話、いいですね。

相撲 PART II

相撲は歌舞伎・遊廓《ゆうかく》と並んで江戸の三大娯楽のひとつでした。

歌舞伎・遊廓が軟派の遊びで、硬派のリキミどころといえば唯一《ゆいいつ》、この相撲だけですから、その熱気たるや、想像以上だったようです。

なにせ、前項登場の雷電《らいでん》なんかが、土俵上で相手を投げ殺してしまったり、土俵外でも、芝居で有名な「め組の喧嘩《けんか》」みたいな素人衆《しろうと》（とはいっても腕に覚えのある鳶《とび》の連中ですが）と死傷者の出るような大乱闘をやってしまう。

土俵入りの型の名で知られる不知火《しらぬい》光右衛門などは、上方から江戸へ来る途中馬子《まご》とケンカをしています。いくら暴れん坊の馬子でもプロの力士にはかないっこありません。たちまち踏み押さえられてしまった。今だとボクサーは決して素人に手を上げたりしませんが、そこは昔、不知火も踏んづけるくらいでよしゃあいいのに、馬子が踏まれた足の下でくやしがって悪口雑言をわめきたてるもんだから、その首に手をかけてエイヤッと引っこ抜いてしまった。

これが当時の大評判となって、さっそく人形浄瑠璃《じょうるり》に取り入れられ、エイヤッと人形の首を抜くとヤンヤの大喝采という具合。まー物騒この上ないことです。

少し前、元大関・小錦が「スモーはケンカだ」という名言を吐いたのがモンダイになって「そういう認識でスモーをとるとはケシカラン」とか「しょせんガイジンには神聖な国技がわからないのだ」とかやっつけられていましたが、江戸では、ケンカどころか、スモーあるところに血の雨が降るような風潮があり、そして庶民もまた、それをあおっていました。しかし、こんな乱痴気騒ぎは、いくらなんでもお上《かみ》がだまっちゃいません。

ですから、相撲にはたびたび禁令が出ています。そのうち、風紀もおさまり、相撲協会のような「相撲会所」という営業体制も整い、現在の形に近いものになりました。これが江戸も後期に入るころです。

整ったとはいえ、幕末に近い天保《てんぽう》時代でさえ「今じゃァ見物も、ただ喧嘩の下稽古《したげいこ》でもする気で見る様子だね」（『愚者論記』より）というくらいで、ケンカがしたくってスモーに出かける野郎もいました。

どうするかというと、ケンカ相手にちょうどよさそうな奴《やつ》の隣にぐいっと押しわって座る。はじめは黙って酒なんか飲みながら見ている。で、相手が声援するやいなや、その敵方の力士の名を、倍くらいの大声で応援する。これでもう、ケンカの火ぶたは切って落とされるんです。

「スモー見物に行って、五体無事で帰るくらいだらしのねえ奴ァねえやッ」なんてえわけのわからないタンカを切って、仲間に青あざや引っかき傷を見せて自慢したんだそうです。

こんな「火中の栗の集団」みたいな相撲見物ですから、当然、女人禁制でもありました。

岡本綺堂《きどう》は随筆『江戸の春』で「女が相撲を見るようになったのは明治になってから」と書いていますが、三田村鳶魚《えんぎょ》は『相撲の話』で、享保《きょうほう》ごろに上方で、寛政《かんせい》以降に江戸で女の見物があったと書いています。とはいえ、それはごく珍しいものだったとえとして出されているので、よっぽどおてんばの女性だったのでしょう。

江戸の相撲はご存じのとおり、「晴天興行」で野外会場ですから、夏ともなればカンカン照りです。甲子園のようにカチワリもないし、どうやってこのクソ暑いのをしのいだかというと、上から水をブンまいたんですね。「そりゃあいくぞ」と声をかけ

スタンド席
丸太を組んでよしずを張っただけ
一日で仮設し
一日でこわす
柱に刀がゆわえつけてある
(ケンカの時引っこ抜く)
ロイヤルボックス
弁当やお茶
こんなところに力士が控えている。
仕度部屋なし。
二重土俵
錦絵では力士は小山のように大きく描き、
一般人は豆粒のように小さく…
行司は裃姿

※手をおろして立つ立ち合いは元禄以降。古くは立ったまま。
やぐら太鼓
弓取り式の弓
「晴天十日間」
晴れた日十日興行をやる。天気次第では十日の興行に一ヶ月かかることもある
審判が柱を背に土俵上にいるのがおもしろい
はしごで二階三階へ行く
座ぶとんを何枚も敷いている
昔の「サガリ」はまわしと一体でとれない

ると「おうっ、こっちにくれい」とざわめき立つ。ザッパーン、ザッパーン「うーっ、きもちいーッ」。それも、ひととき。炎天下では、たちまち蒸《む》し風呂《ぶろ》と化してしまい、その汗っぽさたるや「男のふかし芋」といった塩梅《あんばい》だそうです。なるほど、禁制じゃなくっても、女性だったら、そんな中にいられたもんじゃありません。

きれいな（百五十億円もかけて新設した）冷暖房完備の国技館で、女性一人でも安心して見物できる今を、私は感謝しなくちゃならない立場ですが、でも「男のふかし芋」も見てみたい気がするのです。

ギョーカイ通信

栄里画
『山東京伝像』より
山東京伝《さんとうきょうでん》
（一七六一—一八一六）
江戸出版界のスーパースター。谷崎潤一郎クラスの文豪。
彼はまた浮世絵師北尾政演（まさのぶ）としても一流の画を描いた。

燈火親しむ秋とやらだから、ひとつ本でも読もうかと、本屋さんに立ち寄れば、店いっぱいに色とりどりの新刊書の山。腰巻き（帯）のコピーを見ると、どれもスコブル面白そうで、さんざん迷ったあげく、何も買わずに出て来てしまうことがしばしばありますね。

情報ラッシュの現代、本一冊選ぶにもなかなかテクニックが必要なようですからヤッカイ。

江戸時代には印刷機もありませんから、本といえば、一字一句木に彫りつけたものを、一枚一枚手で刷って、折って切って、糸で縫いとじて作りました。なんだかいかにも悠長に思えますが、それこそは現代人の早トチリ。さて、その実態は――!?

❀

江戸最大のベストセラーは『吉原細見《よしわらさいけん》』でした。吉原は、今のソープランド街とい

出版ギョーカイストーリー
(江戸の絵入り小説より)
迫り来る〆切!追いつめる版元!出るか!!起死回生のアイデア!
1
ガンバルンダ
作品を産みだす京伝
うう〜ん
もうじきですヨ
神仏に願をかけてから十か月めやっと三冊の草紙が生まれた。
おおよしよし。
赤ん坊は生まれるとすぐ「はんぎや――」(版木屋)と泣く……
京伝作『作者胎内十月図《さくしゃたいないとつきのず》』より
これはこのまま当時の出産風景だから なお オカシイ。
2
443編の本を書いた江戸の赤川次郎 十返舎一九
モウ腹の内には(アイデアが)なんにもない。
←原稿催促の版元(出版社)
いや〱貴様の腹にないということはない。
ホレこのとおりじゃ。
やむなく一九は腹を割って見せれば中はガラクタばっかり……
こりゃダメだ。
←版元
一九作『屈伸一九著《えいやっといっくがさく》』より
3
朋誠堂喜三二のばあい
ドキュメントタッチで書かれる本文
版元が今日の午後六時に原稿を取りに来る。ねばならぬと思う書かねばならぬところそろそろうちに目の前がまっ暗に……
おしまいから二ページ目、モヤモヤとした黒い画面。そこの書き入れに「じつは、このページは何も書くことがないからまっ暗なのだ。目をあければ、ハイ、明るくなったとサ」
やれ〱まずは一冊ごまかした。
最終ページにっこり笑う作者の絵
喜三二作『亀山人家妖《きさんじんいえのばけもの》』より

うよりも、銀座の社用族用クラブと芸能界とファッション業界を合わせたようなところでした。細見は、遊女の特技、趣味、容貌《ようぼう》などが記してある、いわばプロ野球の選手名鑑みたいなもの。これが、現在の『時刻表』以上にコンスタントに売れる本で、一家に一冊は必ずあったそうです。

現在、OL、ヤングミセスに親しまれている『○○ロマンス』といった恋愛小説は、江戸でもバカウケで、幕末に刊行された柳亭種彦《りゅうていたねひこ》作の『偐紫田舎源氏《にせむらさきいなかげんじ》』は全三十八巻、合わせて四十万部以上を売りました。内容は、源氏物語をベースに、時の将軍十一代家斉《いえなり》公（側妾《そばめ》四十人、子供は五十五人という絶倫将軍）の大奥で繰り広げられる色模様を描いた一大スペクタクルグランドロマンスです。

一口に四十万部と言っても、当時の人口が今の十分の一だから、ざっと現在の四百万部、ふーん、と解してはイケマセン。

江戸では、本は買うものではなく貸本屋から借りるのが常でしたから、一冊につき数十人の読者が存在することになり、また、写本という私家コピー版も多く出回りましたから、それやこれやで、四十万部は現代の数千万部。新聞なみの怪物的なスケールに相当します。

アブナイッ　ぷっつん

大江戸ジャーナリズム

どどーん

心中　仇討　天災

☆この3ッさえ載せれば部数は天井知らず。
不景気な時節には事件をネツ造して出版したりした。

☆1 江戸っ子は大災害に遭った時怒り悲しむよりは、ヤケクソで笑ってしまったようです。

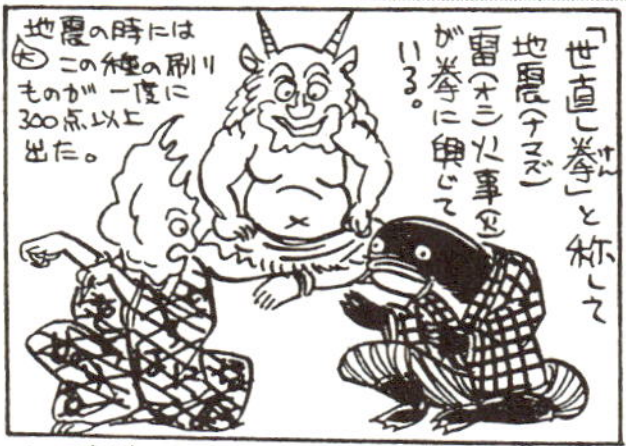

「世直し拳《けん》」と称して地震(ナマズ)雷(オニ)火事(火)が拳に興じている。
㊟地震の時にはこの種の刷りものが一度に300点以上出た。

↑破壊の後には新時代が来る
悪いことの次には良いことの番だという気持ちがこめられているのだと思う。

☆2 ブラックジョークのきわめつけ！
安政コロリ 青蔵おシネ『道行《みちゆき》未来《みらい》へコロリ寝』

ルンルン

♡蓮の花散る中、手に手を取って死出の旅へ道行きとしゃれる男女の亡者。コレラで三万人近い死者の出た最中の刊行！

これまたスゴイ！伴奏者《バックメンバー》の芸名が
死本変死太夫・死本頓死
息尾引之丞・末期水之助…etc

約六千社といわれた当時の出版社が、それぞれ競い合って新刊書を出しており、人気作家の新刊は一万部以上売れました。これなども数十万部ベストセラーといえます。現在の純文学系の単行本が数千部単位で発行されることを思いあわせれば、驚くべき「活字中毒」ぶりです。

それだけに、読者のニーズに応《こた》える作家側の苦心はひととおりではなかったようです。

人気作家は寝る間もない超ハードスケジュール。夜も昼も〆切の矢の催促、お茶をガブ飲み冷や汗タラタラで、無いアイデアを振り絞る、この顚末《てんまつ》までが面白おかしく本となり、これもまたベストセラーとなるという、まことに過激なものでした。

おバケづくし

「暑さ寒さも彼岸まで」とは言うものの、彼岸すぎてもドッと蒸し暑い日が続いております。

真夏のギンギラした時期に、海よ山よと体力を使い切った体には、この残暑が、ことのほか恨めしく感じられるものです。

蟬《せみ》の声も聞き飽きて、日焼けした体をグッタリと横たえて「早く秋にならないかなァ」なんてボヤクのはやめて、〝怪談会〟など催してみてはいかがでしょうか。

〝怪談〟とは言っても、オバケの扮装《ふんそう》をするのじゃありません。仲間で集まって、コワイ話を順ぐりに語っていくのです。題して「百物語」。

二百六十年の伝統ある天然クーラーは効き目バツグンです。

「百物語」とは、コワイお話を百話すると、本当の怪が現れる、という恐ろしい催し

百物語
怪談会
用意するもの
①灯心百本 ②灯油
③油皿
こんなふうに灯心を放射状にならべて火をつけます。
④青い紙を貼った行灯
（この中に右の油皿を入れます）

灯が入ってもクラ〜イ感じ
⑤鏡一面
ヒュ〜ドロドロ
注!! ②の灯油はストーブで使うアレじゃありません。昔使っていた照明用のロー！カロリーのものは、現在ほとんど入手できません。アブナイので、火は実際に用いないで下さいネ。そこのところ、なにとぞよろしく願います。

豆電球でネ！

7〜8人が良いようで…

内側を向いて円座を組みます。

順々にひとり12〜15話ずつ語ります。

部屋及び周囲に刃物があれば、取りまとめて、遠くへ片づけます。身につけていてもいけません。

これはムカシからのキマリです。

やり方
新月の夜（つまり暗い晩です）仲間で集まります。話をする部屋からひと部屋おいた先の部屋に、百本灯心の行灯を置き、その側に鏡を一面並べます。一話語り終えた人は、次の部屋を通り抜け、行灯の部屋に入り、灯心を一本抜いて、鏡で自分の顔をたしかめて戻ります。その間も話は続けます。

下のような間取り（間に必ず一部屋ある）
○鏡
□行灯
まっくら
話をする部屋
この部屋もまっくら だから、手さぐり足さぐりで歩く
※戸はそれぞれ必ず閉めて行く
行灯
次の間
話
なんてったって火の用心
鏡
※クリスマスツリーのペカペカまたたく豆電球を、一コずつねじって消していくのもまた現代の情趣があってコワイですよ〜。ぜひおためしを。

です。

古典的な方法は、百本の灯心を、話ごとに一本ずつ引き抜いていって、百話目に最後の一本を抜いたとたん、真の闇《やみ》となり、何か出る……らしいのですが、ふつうは九十九話でやめて、安全策をとります。

話は、体験談でなくて聞きかじりでも、でっちあげ話でもかまいません。怪しい話が数多く集まる所には、おのずと怪しげな雰囲気が生まれてくるのだそうです。

（後々ゾッとすることのないように、やる時は、九十九話でやめましょう）

現代は「百物語」をやると、百パーセント近くが〝幽霊話〟になるでしょうが、江戸のころは、ユーレイよりも〝不思議話〟が主流でした。

『四谷怪談』のお岩さんのような、〝うらめしやタイプ〟は、むしろ新しく、古来からの怪談は、因果応報というような由来のはっきりするものでなく、説明のつかない怪異や不気味さが多く語られました。

たとえば、各地に〝七不思議〟といわれるものがありますが、それらは、人間の恨みや執念などとは無関係の不思議となっています。江戸の「百物語」も、おおむねこのような話で進められました。そして主役は、いつでも、狐狸妖怪《こりようかい》が幽霊よりも、ハバをきかせていました。

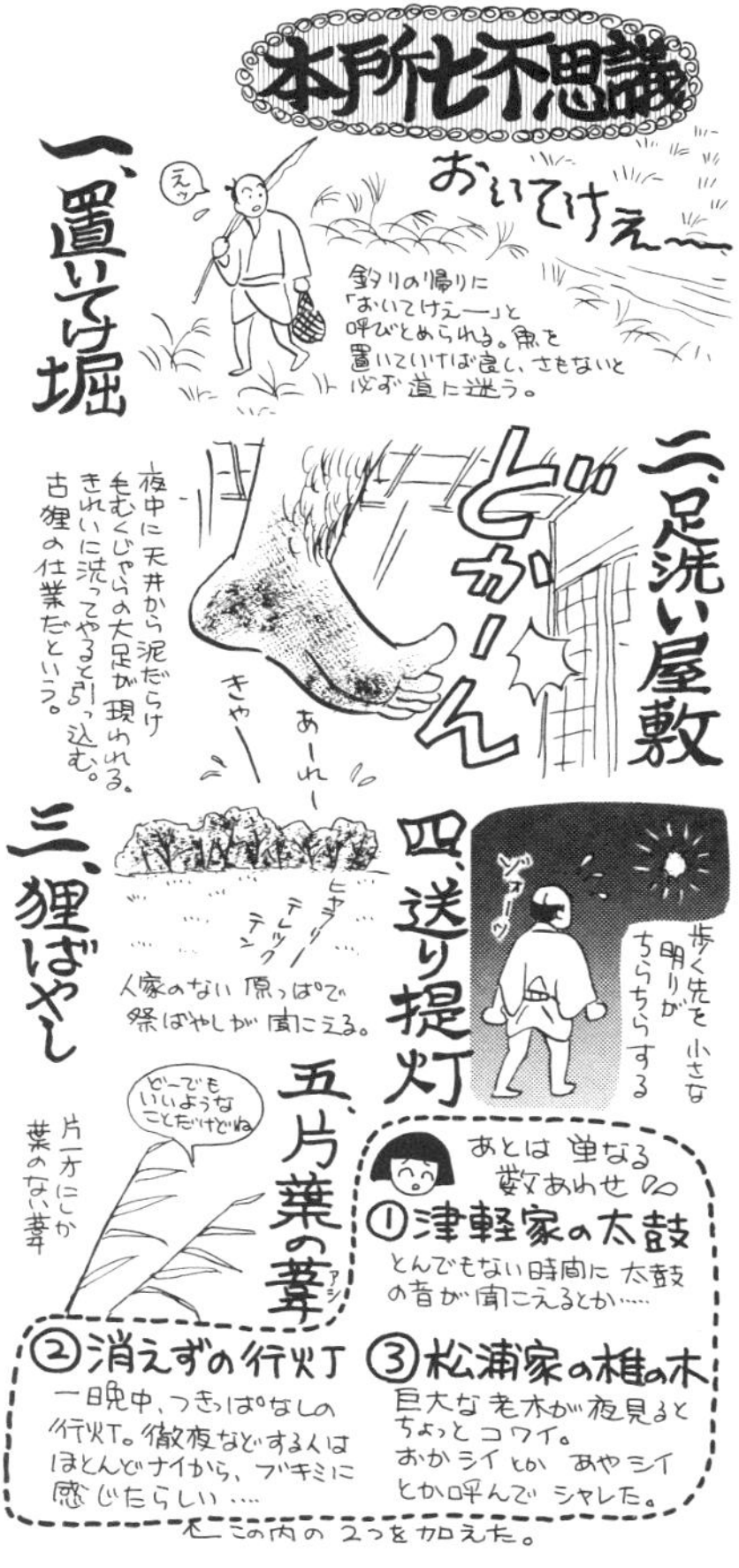

本所七不思議
一、置いてけ堀
えッ
おいてけえ〜〜
釣りの帰りに「おいてけえ—」と呼びとめられる。魚を置いていけば良し、さもないと必ず道に迷う。
二、足洗い屋敷
どが〜ん
夜中に天井から泥だらけ毛むくじゃらの大足が現われる。きれいに洗ってやると引っ込む。古狸の仕業だという。
きゃ〜
あ〜れ〜
三、狸ばやし
ヒャラリ〜 テレツク テン
人家のない原っぱで祭ばやしが聞こえる。
四、送り提灯
歩く先を小さな明りがちらちらする
五、片葉の葦《アシ》
どーでもいいようなことだけどね
片一方にしか葉のない葦
あとは単なる数あわせ
①津軽家の太鼓
とんでもない時間に太鼓の音が聞こえるとか……
②消えずの行灯
一晩中、つきっぱなしの行灯。徹夜などする人はほとんどナイから、ブキミに感じたらしい……
③松浦家の椎の木
巨大な老木が夜見るとちょっとコワイ。おかシイとかあやシイとか呼んでシャレた。
↑この内の2つを加えた。

これを無知の迷信と努々《ゆめゆめ》笑うなかれ、であります。幕末の名医で自然科学のオーソリティーでもあった桂川甫賢《かつらがわほけん》が自宅に訪れる狸《たぬき》のことを語り残しています。

毎晩人が寝しずまってから、調べものなどをしていますと、トントントンと戸をたたくものがございます。「たぬか、はいれ」と申しますと、戸がスウッとあきます。何かこちらの都合で「おまち、まだいけないよ」と叱《しか》りますと、決してはいりません。ときにはたぬの方でいたずらをして、「この夜更《よふ》けに何をしておるか」と、将軍の声色をつかうこともあります。これには弱ります。(『名ごりの夢』より)

少し昔までは、異界がこんなにも身近だったんだなあ、と思いますね。

第四章――上級編

How to 旅 PART I

旅人を宿へ引き込む「留女（とめおんな）」。大変な怪力で、一度つかまったら逃れることは不可能。
広重描く東海道五十三次「御油」より

暑くなく寒くなく、青葉は美しく、風はさわやかです。梅雨前のこんな良い季節は、旅行に最適ですね。

ふだんより、のんびりした旅がしたくなったら、江戸時代のペースがおすすめです。なにしろ、頼るのは自分の足だけですから、これはもう、必然的にのんびりせざるをえないわけです。日数にしても、たっぷりとした余裕がなくてはいけません。

例えば五月の大型連休は、最大が十一日くらいのお休みだそうですが、江戸人なら、せいぜい箱根へ行って帰るくらいの旅行しかできません。江ノ島でも、往復五日はかかります。京都なら四十日は欲しいところです。

さしもの黄金週間も、江戸人にとってはケチな休みのようです。

江戸人にとっては毎日が日曜日です。裏長屋に住む弥次《やじ》さん喜多《きた》さんも、思い立ったが吉日で、家財道具を売り払い、気ままな二人旅へと出かけます。

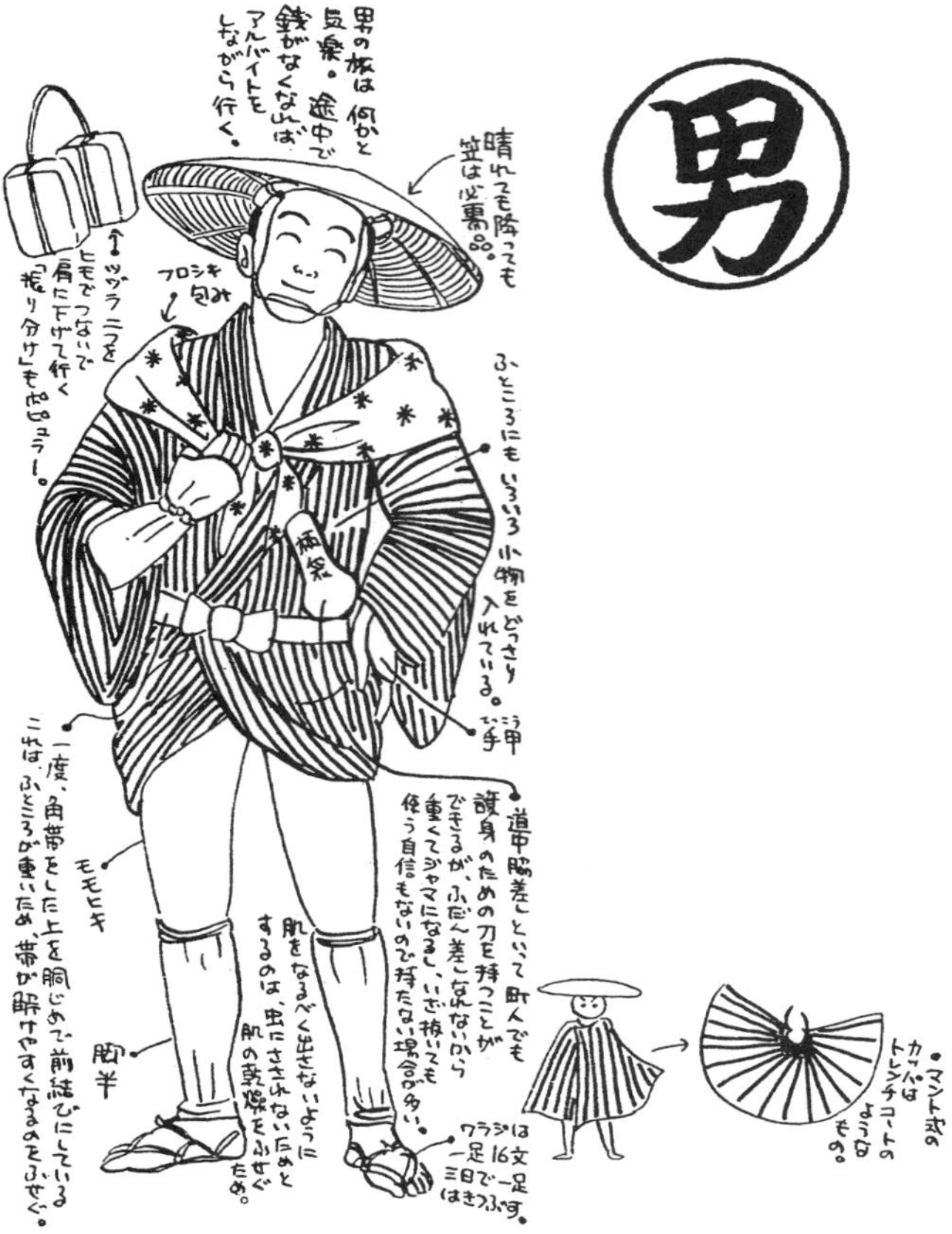
男
男の旅は何かと気楽。途中で銭がなくなれば、アルバイトをしながら行く。
晴れても降っても笠は必需品。
ツヅラ二つをヒモでつないで肩に下げて行く「振り分け」もポピュラー。
フロシキ包み
ふところにもいろいろ小物をどっさり入れている。
柄袋
手甲《てこう》
一度、角帯をした上を胴じめで前結びにしている
これは、ふところが重いため、帯が解けやすくなるのをふせぐ。
モモヒキ
道中脇差しといって町人でも護身のための刀を持つことができるが、ふだん差しなれないから重くてジャマになるし、いざ抜いても使う自信もないので持たない場合が多い。
肌をなるべく出さないようにするのは、虫にさされないためと肌の乾燥をふせぐため。
脚半
ワラジは一足16文三日で一足はきつぶす。
●マント式のカッパはトレンチコートのようなもの。

女
「入り鉄砲出女」と言うように女性の「手形」は人相が男性より入念に書いてある。ホクロの位置、髪の長さできもの、きずあと、ハゲの有無まで正直に書かなくてはイケナイ。
道中はキタナイかっこうをして化粧はせずになるべくブスに見えるようにする。これが何より有効な護身法。(ただし、関所の近くになったら、手形の人相書きと違わないように、きちんとした)
手ぬぐいをアネサンかぶりにするのはホコリ除け。
○女の一人旅は許可されない。
木綿の地味な着物を短めに着て帯をし、その上から浴衣をはおって腰ヒモでしめる。浴衣はダスター・コートがわり。(荷物は供が持つ)
笠
女と老人は杖を持つ。
ヒモ
草履のままだと、カカトがパタついて疲れやすいため、ヒモで固定させた。
脚半
足袋
これはワラジではなくて「結わいつけ草履」という。

旅に出るには「往来切手《きって》」と「手形《てがた》」が必要です。ともに身分証明書のようなものですが、「往来切手」は大家や名主や寺が発行し、「手形」は町奉行が発行しました。この二通が、いわばキップの役割をします。

文面には「この者は何野誰兵衛で何処生《どこ》まれ、親は何某《なにがし》で、私が身元を保証します」ということと「私が途中で万一病死するようなことがあれば、その場所へ葬ってください。こちらまで送り届ける必要はありません。宗派は代々何々宗で、御法度《ごはっと》の切支丹《きりしたん》ではありません」ということが書いてあります。

持ち物は、洗面道具、履物の替え、裁縫セット、小田原提灯《ぢょうちん》（懐中電灯）、筆記具、常備薬など、現在と変わるところはありません。

はじめて旅をする人には、ハウ・ツー旅を親切に教えてくれる『旅行用心集』という小冊子が便利です。

中には旅の心構えに始まり、道中のトラブルの対処の仕方、疲労回復の妙法、乗り物酔いのマジナイ、毒虫毒草の注意、木の根っこや小石につまずくと早く疲れるから気をつけるようにということまで書いてあります。ことに、くり返し呼びかけているのは、ゴマの灰（道中のスリ）対策で、「人を見たら盗人《ぬすっと》と思」わなくては無事な旅はできない。「旅は道づれ世は情け」というのは盗人側のセリフである、と力説します。また、旅の途中のケンカは絶対に避けなければならないとし、「田舎弁を笑ってはいけない」「地元の若い女に話しかけてはいけない。ワザワイのもとだ」「唄を口ずさんでいる人のあとから、唄うようなことをしてはいけない、口論の原因になる」「不用意に笑ってはいけない」「人だかりへ首を突っこむな」など多数の注意があります。

　さて、肝心の旅行費用ですが、ピンは上限知らず、キリは無銭旅行、普通に行けば江戸―京都往復に四両（約三十万円強）はかかりました。

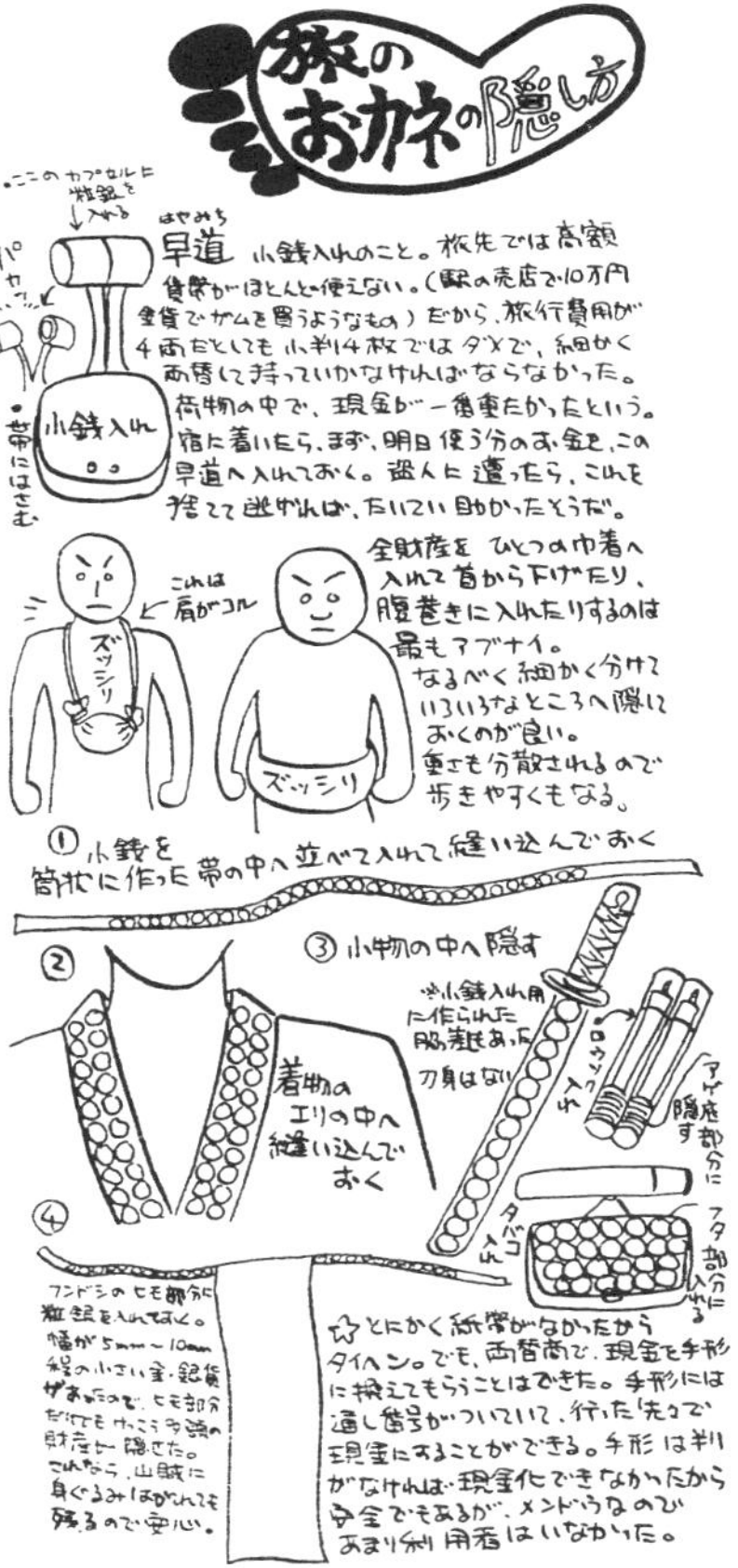
旅のおカネの隠し方
・ここのカプセルに粒銀を入れる
パカッ
小銭入れ
・帯にはさむ
早道《はやみち》 小銭入れのこと。旅先では高額貨幣がほとんど使えない。（駅の売店で10万円金貨でガムを買うようなもの）だから、旅行費用が4両だとしても小判4枚ではダメで、細かく両替して持っていかなければならなかった。荷物の中で、現金が一番重たかったという。宿に着いたら、まず、明日使う分のお金を、この早道へ入れておく。盗人に遭ったら、これを捨てて逃げれば、たいてい助かったそうだ。
これは肩がコル
ズッシリ
ズッシリ
全財産をひとつの巾着へ入れて首から下げたり、腹巻きに入れたりするのは最もアブナイ。
なるべく細かく分けていろいろなところへ隠しておくのが良い。
重さも分散されるので歩きやすくもなる。
① 小銭を筒状に作った帯の中へ並べて入れて縫い込んでおく
② 着物のエリの中へ縫い込んでおく
③ 小物の中へ隠す
※小銭入れ用に作られた脇差もあった
刀身はない
ロウソク入れ
アゲ底部分に隠す
タバコ入れ
フタ部分に入れる
④ フンドシのヒモ部分に粒銀を入れておく。幅が5mm〜10mm程の小さい金・銀貨があったので、ヒモ部分だけでもけっこう多額の財産が隠せた。これなら、山賊に身ぐるみはがれても残るので安心。
☆とにかく紙幣がなかったからタイヘン。でも、両替商で、現金を手形に換えてもらうことはできた。手形には通し番号がついていて、行った先々で現金にすることができる。手形は判がなければ現金化できなかったから安全でもあるが、メンドウなのであまり利用者はいなかった。

How to 旅 PART II

今、「ちょっと旅行してみたい場所」として最も人気があるのが、香港《ホンコン》、台湾、グアム、ハワイだといいます。

江戸人にとっての人気のコースは、大山《おおやま》、江ノ島、そして伊勢でした。江戸の旅行は、ほとんどが「お参り」を目的とするものでした。大山は、「大山石尊大権現《せきそんだいごんげん》」、江ノ島は「江ノ島弁財天《べんざいてん》」、伊勢は「伊勢神宮」です。それは、昔の人が信心深かったというよりは、神社仏閣が名所旧跡の観光地として認識されていたからです。人々の興味は、神社仏閣の門前に広がる歓楽街にあり、そこでの「精進《しょうじん》落とし」という名目のバカ騒ぎが何よりの楽しみで、お参りは、それのツイデというのが本音でした。

大山と江ノ島は、江戸から見れば箱根の手前なので、関所手形《てがた》が不要だということもあり、手軽で喜ばれました。大山権現は男神なので、縁起をかついで、その帰りに女神である江ノ島弁財天へ行く人が多かったようです。江ノ島弁財天は江戸ッ子の大好きな神様で、通称裸弁天と呼ばれます。祭しのつくとおりその神体はヌードの彫像で、玉の肌に琵琶《びわ》を抱いた艶《なま》めかしい姿で、秘部まで精巧に彫られた鎌倉期の名品です。その弁天さまを拝んだあとは、胸の高鳴りをしずめるために島内の旅籠《はたご》や近くの藤沢宿で夜どおしの「精進落とし」、つまり、乱痴気《らんちき》騒ぎをするわけであります。また神社へたどり着く前にも品川、川崎、神奈川、保土ヶ谷、戸塚などの宿場で、強引な客引きにつかまって「お祭り」になるケースも多かったようで、もちろん帰りも同様でした。

〽伊勢に行きたい伊勢路が見たい　せめて一生に一度でも　ヤアトコセエノ　ヨイヤナ……と唄に歌われるように、伊勢参りは庶民の一生の夢でした。伊勢参りは、全国的な大ブームとなる年が周期的にあり、その時は、伊勢へ向かう街道じゅうに人があふれ、伊勢地方は人で渋滞したといいます。ブームはおおむね二十年に一度の遷宮《せんぐう》祭《さい》の時に起きましたが、それ以外の時でも盛り上がることもありました。

中でも、文政《ぶんせい》十三年（一八三〇）には、南は九州鹿児島から、北は東北秋田まで、なんと五百万人の人が伊勢をめざしました。これは、当時の日本総人口の六分の一という、驚異的大移動です。この背景には、全国に散らばっている「伊勢の御師《おんし》」とい

伊勢参りトピックス

寛政二年（一七九〇）●秋号

●四国・阿波徳島の庄屋の飼犬ポチ（仮名）が主人の夢の中で「伊勢参りがしたい」と訴えたため主人はポチを伊勢へつかわすことにした。
出立の日、主人はポチの首へ銭三百文を入れた袋をかけてやった。

ポチは道中いたって行儀よく、皆々に可愛がられてつつがなく参宮をして大神宮の札を受けて帰宅した。

ポチのけなげな姿に感心した人々が、路々、三文、五文と銭を与えたので、帰る頃には三貫目（三千文）以上となり重くて首にかけられなくなったので、ある人が送り届けてくれた。めでたし　めでたし。

伊勢参宮

▲ポチの旅姿

◀ポチの帰宅を喜ぶ庄屋夫妻

ドキュメント
私はこうして伊勢参りをして幸せになった！
京都の A君（24）の場合
①A君は伊勢参りに行くとちゅう、
雲助（かごかきのコワイの）とバクチをして一文無しになりました
ソレドウダ
②A君は我身の不運を
一時はなげきましたが
どうしょう
しょんぼり
③今では雲助になって
伊勢路で元気に働いています
オウオウ 酒手をだしねえ
A君
とある地方の Bさん（17）の場合
①Bさんは幼友だちのCさんと
伊勢参りへ行きました
レッツ・ゴー イセ・イセ
②とちゅうCさんはさらわれて
遊女に売られました
③Bさんは無事に伊勢へ着き、子宝までさずかって帰って来て
両親をびっくりさせましたとさ
大阪の D君（18）の場合
①元服（成年式）をしたD君はお父さんにはげまされて
旅をして世間をみてこい
はい
伊勢参りへ行きました
②伊勢の古市（遊廓）ではたくさんのオネエさんが手取り足取りいろいろなことをおしえてくれたので
D君はすっかり一人前の男になって家へ帰りました。
親の言うことは聞くものですね。
めでたし、めでたし
えへへ…

う、伊勢神宮の広報官による卓抜なるPR戦術があったのですが、それにしてもものすごい動員数です。ここまでふくれあがった大ブームとなると、ほとんどイナゴの大群です。飲み、唄い、踊る集団が豪商を襲ったり、奉行所に乱入したり、手形もなしに関所を突破したり手のつけようがなかったといいます。街道筋の家々では米や酒を与えて、ひたすら彼らの通過を願うばかりであったそうです。

江ノ島
弁財天

彩色されていて表面はスベスベ生けるがごとき妖艶さ……。

夫婦で弁天様に参詣するとバチがあたるという迷信は、「精進落とし」で遊びたい亭主族によってデッチあげられたそうな……。

旅籠の客引きのテクニック

① グループの中で一番弱々しい一人を二人でマークして両腕をおさえ込む

② 同時にもう一人が腰へタックルをして店内へ押し込む

③

ひとりを人質にすれば他の仲間も仕方なくその宿にきめてしまう

[参考図書『江戸の旅』今野信雄著(岩波新書)]

春画考　PART I

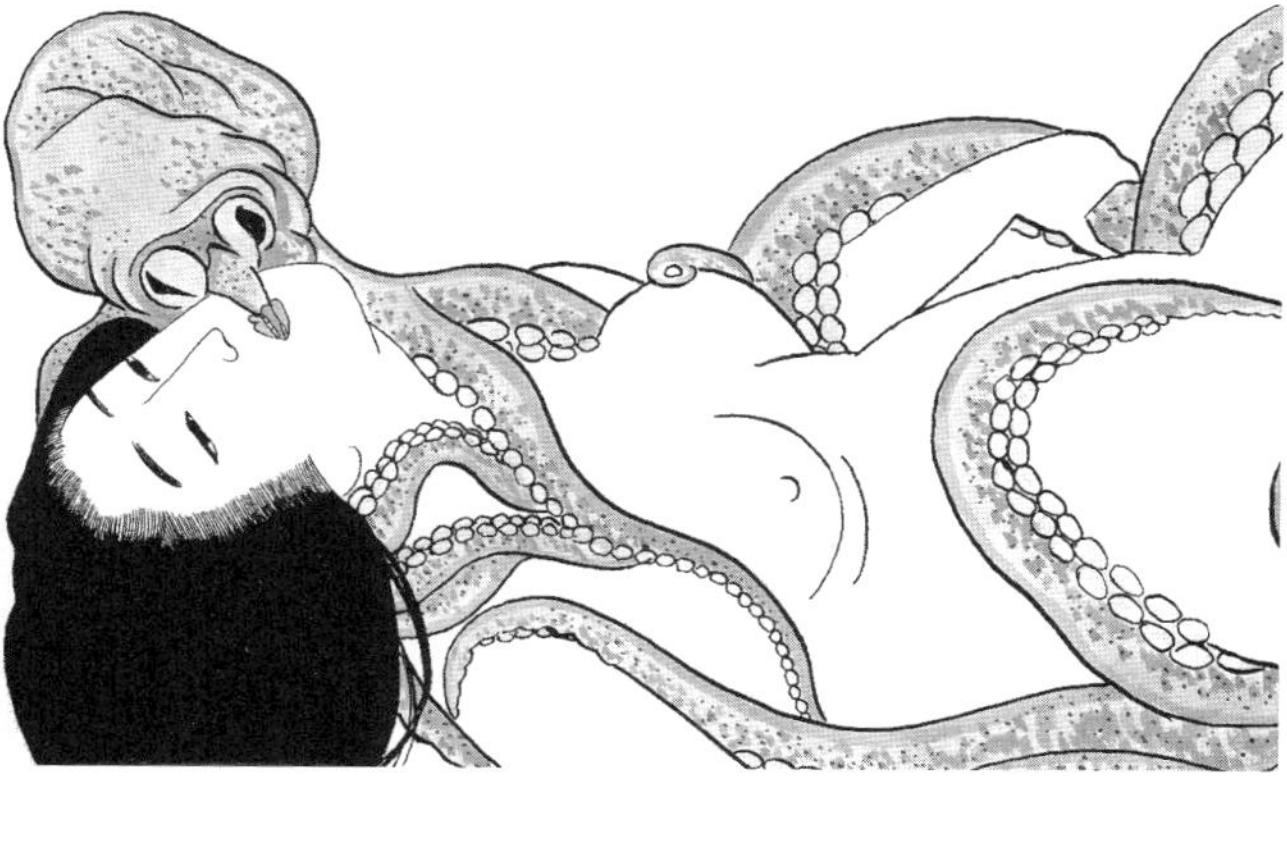

遊び友達にもつなら江戸人がサイコーです。

彼らは、どんなちっちゃなことも面白がり、フトコロが淋しくたって、ちゃんと遊ぶ方法も見つけてしまいます。現代人はというと、遊びと仕事はまるでカタキ同士のよう、定年後は虚脱感でいっぱいになって、私の一生は何だったんだろうなんてケースが多いようですが、その点江戸人は、遊びと仕事は夫婦みてえなもんで、互いの仲がウマクいってなけりゃいかん、なんて言ってるから感心しちゃいます。

基本は面白がる事。気分だけでも江戸人にならって、カラッと楽天的に、「一日江戸人」になってしまいましょう。

さて、「春画」です。春画は江戸時代、一般に「笑い絵」と呼ばれていました。春画のことを隠語で「ワじるし」といったりしますが、その「ワ」は「笑い絵」の

「ワ」からきています。つまり、どんなシカメッツラをした人でも、かの厳粛なる行為を描いたこの一枚をヒラリ出されたら、破顔一笑ということなのです。ビニ本なんて無粋な呼び名と比べて、おおらかでユーモアたっぷりだと思いませんか。

春画は、娘でも武骨者でも、一目でクスッとさせるのが良質です。娘を怯《おび》えさせたり、武骨者を激怒させちゃいかんわけです。

なにせ和合（交接）は繁栄の証《あかし》、五穀豊穣《ごこくほうじょう》の祈りという、農業国日本の伝統があります。和合は生産的で活力あふれるメデタイもの。陰でなく陽、負でなく正、常に強い力でありつづけたわけです。だから「勝ち絵」と称して、戦場へ持っていったり、鎧《よろい》びつの中に入れたりしたと言います。

性の快楽を背徳視するのは、統一的宗教の存在する国だけのようです。日本は八百《やお》万《よろず》の神サマがいたので、かえって無宗教的な国柄となり、性に関しては、太古から変わらぬおおらかさを保つことができたのです。

江戸時代の絵師・作家は残らず春画本の製作にたずさわっています。あのカタブツ「里見八犬伝《さとみはっけんでん》」の曲亭馬琴《ばきん》先生や、センチメンタリスト「東海道五十三次」の歌川広重《うたがわひろしげ》さんも例外ではありません。

春画本は稿料が高いから、生活のためにイヤイヤ描いたんだろうといわれています。それなら、わかりっこない匿名《とくめい》で描けば良いのにと思いますが、広重さんは好重なんて変名だから、スグにバレてしまいます。

どの絵師も作家も、自分が誰であるかわからせるため、画中に隠し落款《らっかん》を描いたり、文中に名を匂《にお》わせたりしてるんですね。仕事と割り切って描く人もいたんでしょうが、それでも、なおかつ、どうせやるなら楽しんじゃえという江戸人気質《かたぎ》が感じられて、うれしく思います。

絵師の変名は、それ自体、遊んでいるとしか思えません。北斎《ほくさい》が〝鉄棒ぬらぬら〟（オットー!!）、英泉が〝淫乱斎〟〝女好軒〟、国芳《くによし》が〝ほどよし〟（何がよしなのか?）、国盛の淫水亭開好《ぼぼ》（いいのかしらん?）などなど、噴き出しちゃいます。

北斎の場合、春画は嫌いだったという説と、生涯取り組んだという説があって、両極なのですが、画中のせりふ、地の文まで、自分で書いてるところから見るとけっこう……。願望なんですが、これはイヤイヤ筆をとったモノじゃないと思いたいのです。

「俺は春画描きだ」と公言してはばからない絵師がいます。

渓斎英泉《けいさいえいせん》です。

彼は武家出身で、浮世絵師なんてのは、紙屑《かみくず》絵師なんて呼ばれる下賤《げせん》な商売だから、彼にとっては転落なわけです。で、世の中をはすっかいに見て、酒と女に溺《おぼ》れ、人格的にめちゃくちゃになって、退廃美（腐乱美とさえ言われる）の絵師のレッテルを貼《は》られてしまいました。

けれど、彼のおもちゃ絵（子供のための絵）や名所絵を見ると、妙にあったかくてホッとするんです。この人、ネはマジメなんだ、マジメに不良やってるんだなと思うのです。でもって、「俺は春画描きだ」なんて豪語して、普通の浮世絵に描くより、もっとものすごい、ゾッとするような美女を春画本のトビラに描いたりするんです。なんで、こんな力作を普通の美人画で描かないのかとじれったくなるほどですが、そこが英泉たるところ、そのポーズが憎ったらしいやら可愛《かわい》いやら……。

さて、春画というのは裸でいろいろな格好をしちゃうわけですから、ウマイ、ヘタが一目でわかります。そして、実際のところ、春画の大半は、胸の悪くなるような絵です。

ところが、それを一流の絵師が描くと、おおらかで清潔感さえ漂ってくるのですからフシギです。

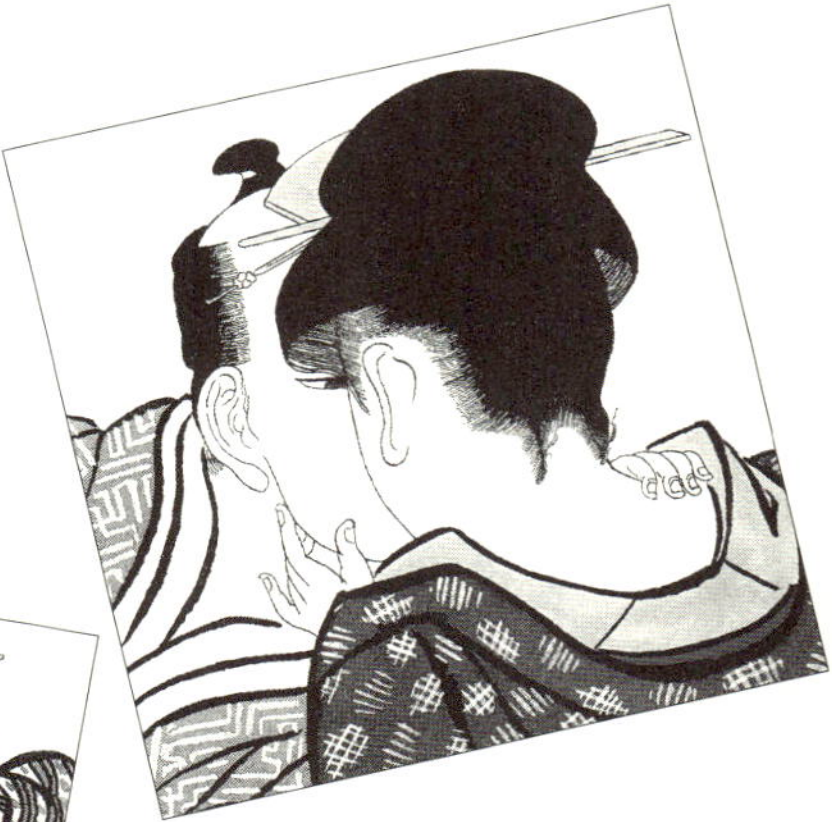

喜多川《きたがわ》歌麿《うたまろ》
芳潤な時間を描き切って右にでるものなく。帝王の貫禄。

鳥居《とりい》清長《きよなが》
猫がひなたぼっこしてるみたいな、おかみさんの表情がトテモ良い。後ろでは旦那さんがはげんでる。お見せしたい。

渓斎《けいさい》英泉《えいせん》
彼の描く女は、少女でも売女でも、こんな目をしている。コワイ。

その最たる人が鳥居清長です。彼の春画なら潔癖症のお嬢さんにも鑑賞できます。乙女チック、ロリコン趣味には鈴木春信《はるのぶ》。パステルカラーも可愛く、入門者にはうってつけ。

上品なのが鳥文斎栄之《ちょうぶんさいえいし》。彼は五百石の現役の旗本の殿様という変わり種。殿様芸かといったら、トンデモナイ。画技は一流、楚々《そそ》とした味わいは絶品です。

官能美なら迷わず喜多川歌麿《うたまろ》。人肌のぬくもりが匂い立つようなスゴサです。

北斎のは、既に造形美の境地です。真剣なリアリズム、やっぱりこのジイさん、ただものじゃないとうなってしまいます。

そして英泉、女性なら誰しもが内包する娼婦《しょうふ》性を、残酷なくらいに表面にひきずり出してしまうんです。笑い絵といっても、自嘲《じちょう》的な笑いです。

もっとも現代的な性の享楽《きょうらく》を描くのは歌川派です。

中でも歌川国貞《くにさだ》・国芳。あだで粋《いき》な江戸女を描かせたら国貞、庶民的日常の情景を活写する国芳。ともに性の快楽の嗜虐《しぎゃく》性をよくとらえ、複雑化した笑いを描いています。

これら春画本は、江戸人とつきあうためのパスポートともいうべきものです。

江戸のポルノグラフィー、この「笑い」が感じとれたら、江戸へのタイムスリップも楽々です。

歌川国芳
男の目付が秀逸。幕末ならではのリアリズム。完全にロマン性から脱却している。

春画考 PARTⅡ

わしはタマサカ先生であるウッホン
助手のメバルちゃんです
春画のいろいろ ① 遊び本
ムム怪しげな影!!
石燈籠《いしどうろう》と鷺《さぎ》だ!
答えは227ページ

というわけで、春画考、第二弾であります。えー、このたび、こうして、春画について書くために、市販されている浮世絵の春画集を見てみて、なんだか、ドッと疲れてしまいました。修整、伏せ字また伏せ字なんですね。しかも、図版もピンボケや色の悪いもの、トリミングにより全体の構図のわからないもの、はては、ダイジェスト版で一ページに八枚もの春画が脈絡なく並んでいるものなどなど、なさけないったらありゃしません。

しかも、編集にあたっている研究者は真面目《まじめ》そのもので、たとえば、序文には春画の収集家として知られる故M博士に「春画を美術として確立してください。立派な学者になってください」と後事を託されたエピソードが語られ、

……私はこの時、目がしらが熱くなった。誰かが、やらねばならぬ仕事だ。誰か

が、この世に残し、明らかにしなければならぬと、いっそう決意を新たにした。以来、私は大学の教職生活を捨て、研究に精魂をかたむけた。この研究は私の情念の仕事である……中略……世界のどこの文化圏で、どこの国々で、このような美術が創造されたか。もしも日本が誇るべき美術があるとすれば、春画美術以外に存在しない。（福田和彦氏著『浮世絵・愛の絵姿』より）

と、あります。研究者の態度が真摯《しんし》であるほど、図版のオソマツさが哀れです。

研究者は、みな一様に「春画はワイセツではない」と力説しています。けれども、市販されている、これらの不完全な図版では、もはや、ワイセツかどうかすら問題ではないんですね。なんとゆうか、異形、奇形絵であって、こうコマギレでは史料にもならないし、ましてや鑑賞などとは程遠い感じがします。

春画の領域は真っ暗闇《くらやみ》の世界です。現存している原本の数がきわめて少ない上に、それを保管する図書館では、一般公開はもとより、研究者への特別鑑賞も許していません。結局、財力のある人が、原本を収集して、ゆったりと自室で一枚一枚確認する、そういうことしかできないんです。一般研究者が敬遠するのも当然です。しかも、苦

答
※扉の影絵の裏はこうなっている!!
←テヌグイをかぶっている
コウガイ
足のぐあいがよくわからない
まるでアクロバット
ちいちゃい判型のこういった遊び本ズイブンあったそうな
② 嫁入り本(ハウツーもの)
さきざまへ行ったらこーゆーことがあるからね
はい
放手
本目の線でソボクな表現(ロコツでない)
〈此道《このみち》遊学のためにはあらず子孫繁栄の教《おしえ》として世におこなふものなり〉と書いてあります。
③ お守り絵
(その1)
戦勝!!
※春画は「勝ち絵」といった(前回の項参照)
(その2)
火事除け
春画を蔵に入れると火事にならないってね
へえー
なぜだい
濡れるから
おあとがよろしいようで

労して研究したところで、思うように発表できないし、「その筋の研究家」なんてレッテルを貼られて、世間から特別視されてしまいます。

なるほど、春画の九割はクズですが、残り一割は評価されるべきものです。けれどもナチス時代のユダヤ人と同じで、春画である限り、許されないんですね。さらにゲンミツに言えば、作品としてクズの九割の中にも、風俗史料として有為なものが驚くほどあるのです。

果して、現代の私たちは、黒田清輝《せいき》の裸婦像に腰巻をかぶせた時代を、笑えるのでしょうか。

春画は差別されています。たとえば、私なんかが「春画も見たりします」と言うと、「春画を見るんですか」と問い返され、あげくは初対面の人に「春画が好きだそうですね」なんて言われちゃったりします。やりきれない気がします。

江戸時代では、春画本専門の作家というのはしごく稀《まれ》で、フツーの作家がもれなく、そういうの、書いてるんです。だから、京伝《きょうでん》を調べるにしろ、北斎《ほくさい》を調べるにしろ、それらに突き当たるわけです。

現代では、全体から見ればごく少数の専門作家が、日本中のニーズに応《こた》えています。

春画を見るには
※江戸時代
①ふつうの本屋さんで親父さんに「ワじるし」とささやく。（春画は公刊本ではないから）
②貸本屋で借りる。
こうやっておとくい様を回る
本
た
○江戸時代の出版物は20〜30頁の本で約千円。ひとつの話は最低でも3、4冊にわたる。春画は彫りや刷りがトクベツなので、その5、6倍の価格。たいそうタカイ！
→だから貸本業はハンジョー!!
川柳
かし本屋
是《これ》ハ およしと
下へ入れ
ぱッ
めッ！
春画の使用法
①贈答用
大名がおとし玉に用いる。
「春画」と名のとおり新春の祝い事に最適!!
ホレ三太夫
ハッ
※この場合、私家版。金銀雲母空摺、モノスゴクゴーカ
②実用（寝室の屏風に貼る）
四十八手ものなど
今夜はアレいってみよ
③私用
何をかいわん
文化人 IN ポルノ 平賀源内先生之場合
艶本たっくさん書いたよ
……
発《たつ》までは萎《なえ》、
なゆるまでは発《たち》、
寝《ね》れば起《おき》、
おきれば寝《ね》、
喰《くら》ふて糞《はこ》して快美《きとやり》て
死《しぬ》るまで活《いき》る命《いのち》……
ウーム 味わい ぶかい 名文だ
人生なんて こんな もんよ
江戸人 エライ!!

特殊分野化しているのです。

江戸時代のように、円山応挙《まるやまおうきょ》の春画があるのだから、東山魁夷《ひがしやまかいい》の春画があってもいい。荻生徂徠《おぎゅうそらい》の艶本《えんぽん》もあるのだから井上靖《やすし》の艶本もあってもいいですよね。

三幅対《さんぷくつい》の掛け軸や、六曲屏風《びょうぶ》図から、教訓画、おもちゃ絵、はては春画まで描いた江戸浮世絵師は抜群にカッコイイ。

このみごとなバランス感覚は、絵師だけではなく、多くの江戸市民もまた、持ち合わせていたのです。

文化はデコボコなほど活性化する、玉石混交だから、キラキラしてる……そういうこと、江戸人たちは、知っていたに違いありません。

意匠（デザイン）

夏です。日ざしもさることながら、街をゆく女性の姿も日増しにまぶしくなってきました。風にひるがえる軽やかな髪、耳たぶには桜貝のピアス、日焼けした肌に白いタンクトップ。風物詩ですなぁ。

江戸のご同輩もまた、女性の夏姿に一時の涼味を楽しんでおりました。洗い髪に磨きこんだ素肌（もちろんノーメイク）、おろし立ての浴衣《ゆかた》に新柄のうちわ。江戸の女性をホメるのに「垢抜《あかぬ》けた」「こざっぱりした」という言葉を使いますが、この夏姿などは、その典型といえます。

私が小学生のころ、ガキもおッ母《かあ》も夏はTシャツという時代がありました。Tシャツは新しげな文化でした。もとは下着だったものが開放的なふだん着となり、このごろでは、パリコレにTシャツ感覚のフォーマルが登場するまでになりました。Tシャツといえば、高度成長期の浮かれた楽天的な感覚を思い出します。

江戸においての浴衣の位置も、Tシャツとよく似ています。はじめ、その名のとおりの入浴着や汗とり下着でしかなかったものが、町人文化の台頭に従い、カジュアルウェアへと進化しました。もとより伝統や格式からふっ切れたものですから、そのデザインには遊び心があふれています。

デザインの傾向は大きく分けて二つ。ひとつは「判《はん》じ物《もの》」という機知にとんだクイズ文様です。一目では何かわからないが、シャレっ気がある人にはピンとくる。

たとえば「鎌《かま》」の絵と、円形の絵柄と、ひらがなの「ぬ」で「かまわぬ」と読ませるたぐいです。この文様は、成田《なりた》屋こと市川団十郎《だんじゅうろう》が舞台で言った「かーまーわーぬー」というセリフが大ウケしたことに発します。転じて、「かまわぬの団十郎」、この文様を着ていれば「よっ三桝《みます》（団十郎の紋）びいきだねッ」と声のひとつもかけるのが江戸ッ子です。

これがあまりに流行《はや》ったため、アンサーデザインというべき「鎌」と「井桁《いげた》」と「桝形」を並べた「かまいます文様」さえ派生したくらいです。

類したものに「斧《おの》」「琴柱《ことじ》」「菊」で「斧《よき》ことを聞く」、「剣」「花」「櫂《かい》」で「喧嘩《けんか》買い」、「釣鐘」「水に雲」で「金が湧《わ》く」、ひらがなの「せ」を丸（わ）で囲み、「て」と「御座《ござ》（上げ畳）」の絵で「世話で御座る」などと読ませます。

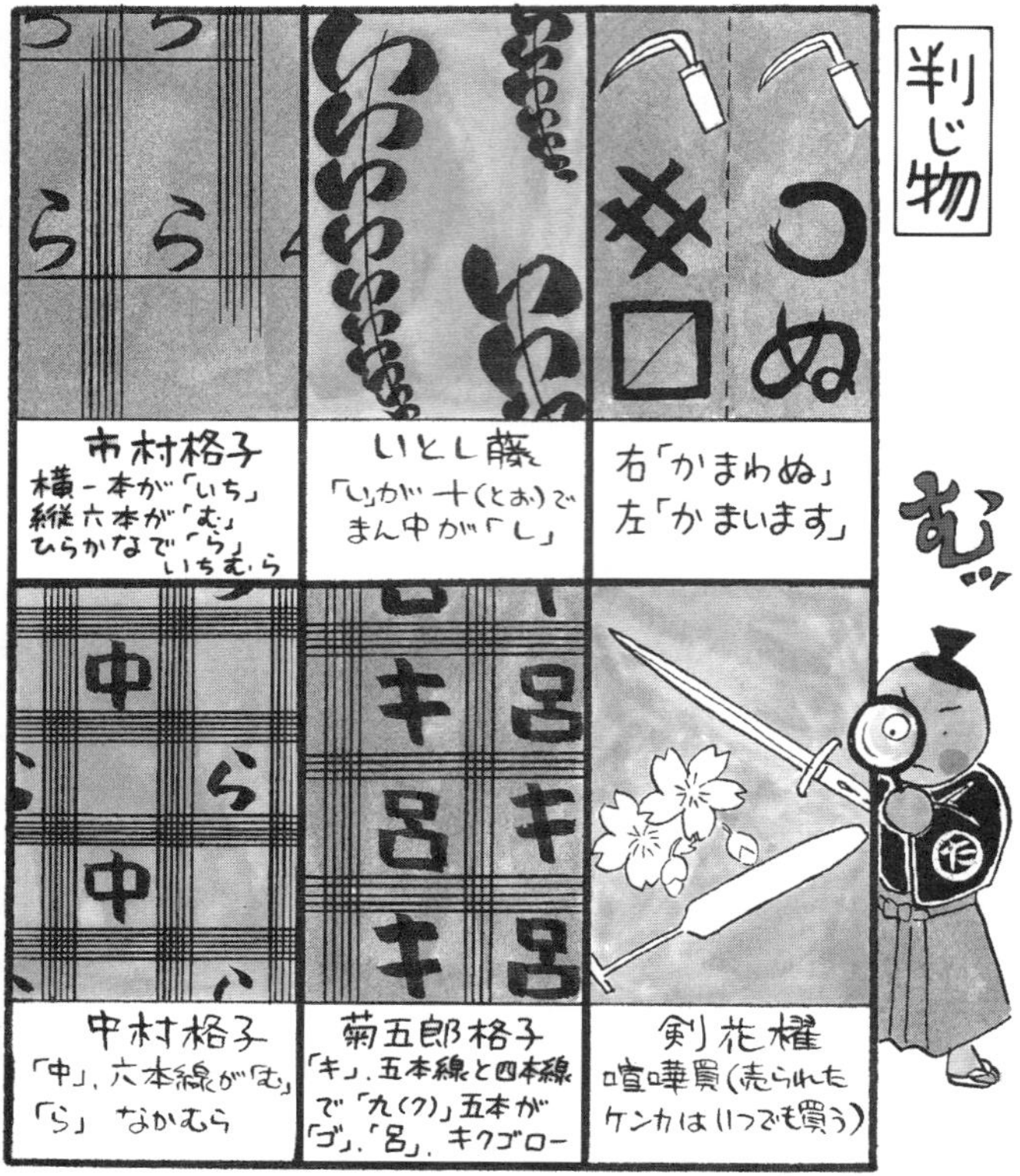
判じ物
市村格子
横一本が「いち」
縦六本が「む」
ひらかなで「ら」
いちむら
いとし藤
「い」が十（とお）で
まん中が「し」
右「かまわぬ」
左「かまいます」
むっ
中村格子
「中」、六本線が「む」
「ら」 なかむら
菊五郎格子
「キ」、五本線と四本線
で「九（ク）」五本が
「ゴ」、「呂」、キクゴロー
剣花櫂
喧嘩買（売られた
ケンカはいつでも買う）

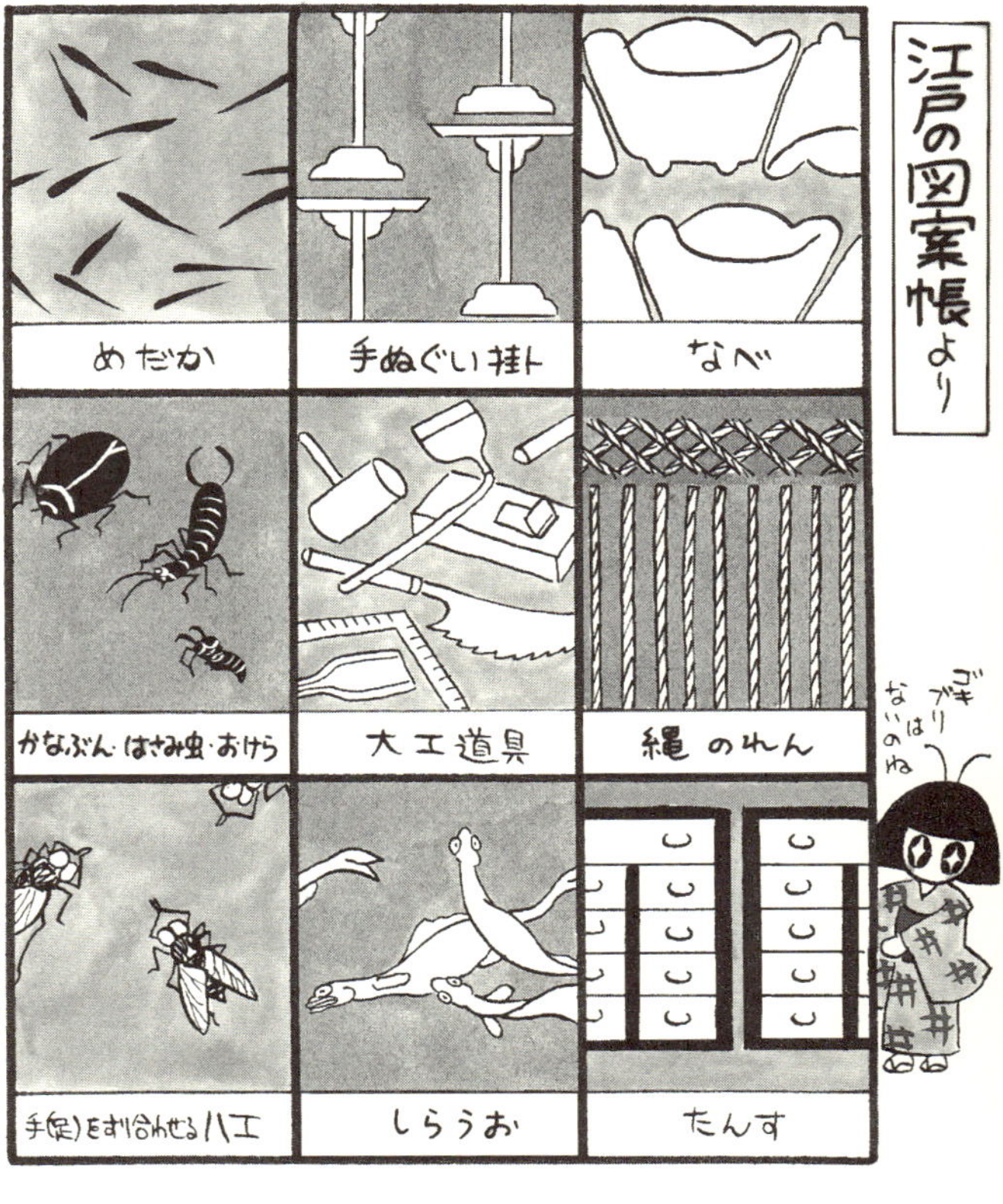

江戸の図案帳より
めだか
手ぬぐい掛け
なべ
かなぶん・はさみ虫・おけら
大工道具
縄のれん
手(足)をすり合わせるハエ
しらうお
たんす
ゴキブリはないのね

江戸の「軽妙洒脱《しゃだつ》」がこんなところに息づいています。

もうひとつは、絵柄そのものを楽しむオーソドックスなもの。たとえば浴衣いっぱいに広がった魚網に、巨大な伊勢エビ、タコ、カツオが躍るダイナミックな構図や、近江《おうみ》八景を藍《あい》一色で染めあげた豪奢《ごうしゃ》なもの。これなどは既に美術工芸品の部類といえます。

こういった「具象もの」のデザインにも、今とひと味違った江戸独自の感性がうかがわれます。今も変わらず親しまれている日本古来の「花鳥風月」は、もちろんメイン・テーマですが、いわゆる「江戸好み」とされる具象文様は、今日の私たちが見ると「えっ?」ととまどうものが少なくありません。

タコ、イカ、スッポン、ウナギなどは序の口、クモ、アブ、ムカデ、ミミズ、ゲジゲジ、はてはヒルまでがデザインの対象となってしまうのです。

北斎《ほくさい》が工芸職人のために描いた図案集の中に、松茸《まつたけ》にアブが逆さにとまって、後足をすりあわせているところをクローズアップにした一図があります。けれど、それが少しもグロテスクではなく、むしろ愛らしく見える。江戸人が単なるもの好きでそれらの文様を創案したわけではないことがわかります。

咲き乱れる秋草の陰に生きるさまざまな虫の姿を克明に描いた歌麿《うたまろ》や伊藤若冲《じゃくちゅう》の眼、あれが江戸人の眼なんだという気がします。

それと同じ感覚で、日常の道具も文様として好まれました。手鏡、扇、糸巻などは優雅ですが、鋏《はさみ》、たんす、たらい、あるいは釘抜《くぎぬき》、釘、かすがい、梯子《はしご》といった大工道具、鍬《くわ》、鋤《すき》、鉈《なた》などの農具あり、刷毛《はけ》、ほうき、ちりとり、算盤《そろばん》、手ぬぐい掛けまで出てきます。

フォーマルではなくカジュアルに凝る。奢《おご》れる美よりも卑近な美を慈しむ。これが江戸の心意気のように思います。

傾《かぶ》く

東京に原宿なる街があります。現代風俗の最先端をいくファッションの若者がたむろしています。なかには、思わず後ずさりしちゃうような、超過激個性派グループもいたりします。

大人たちは、その自由奔放さにちょっぴり憧《あこが》れ、やっぱり思いなおして、眉《まゆ》をひそめてみたりします。

江戸にも、こんな若者たちがいました。

次のページのようなのが、彼らのファッションの典型例です。応援団風というかパンク風というか、今のファッションに酷似した部分もあったりして、なかなかのものでしょう。

こんな異様な風体《ふうてい》をした連中は、カブキモノと呼ばれていました。

カブク（傾く）とは、〝ふざける〟〝放縦なことをする〟〝好色である〟という意味

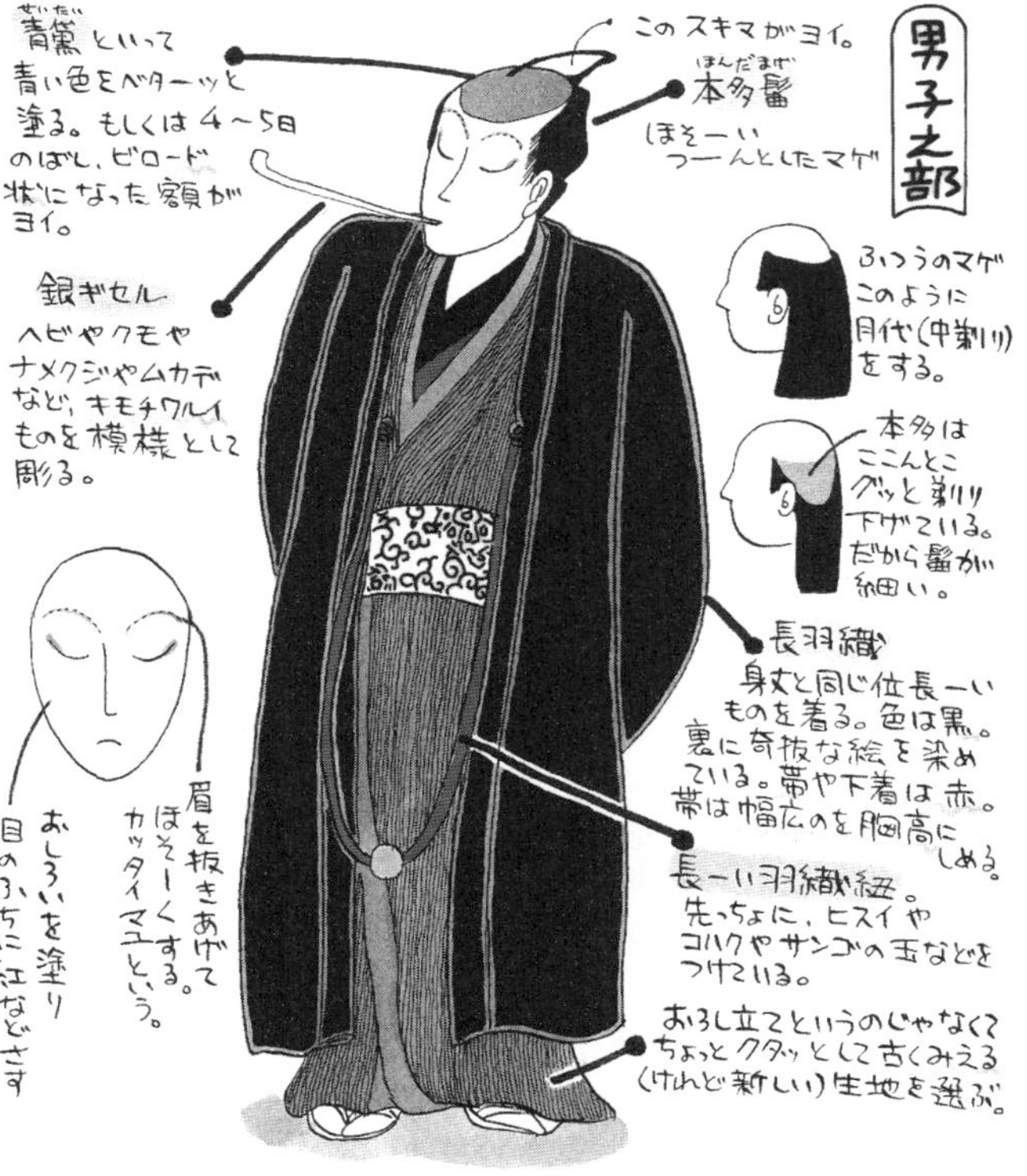
男子之部
青黛《せいたい》といって
青い色をベターッと
塗る。もしくは４～5日
のばし、ビロード
状になった額が
ヨイ。
このスキマがヨイ。
本多髷《ほんだまげ》
ほそーい
つーんとしたマゲ
銀ギセル
ヘビやクモや
ナメクジやムカデ
など、キモチワルイ
ものを模様として
彫る。
ふつうのマゲ
このように
月代(中剃り)
をする。
本多は
ここんとこ
グッと剃り
下げている。
だから髷が
細い。
長羽織
身丈と同じ位長ーい
ものを着る。色は黒。
裏に奇抜な絵を染め
ている。帯や下着は赤。
帯は幅広のを胸高に
しめる。
長ーい羽織紐。
先っちょに、ヒスイや
コハクやサンゴの玉などを
つけている。
眉を抜きあげて
ほそーくする。
カッタイマユという。
おしろいを塗り
目のふちに紅などさす
おろし立てというのじゃなくて
ちょっとクタッとして古くみえる
(けれど新しい)生地を選ぶ。

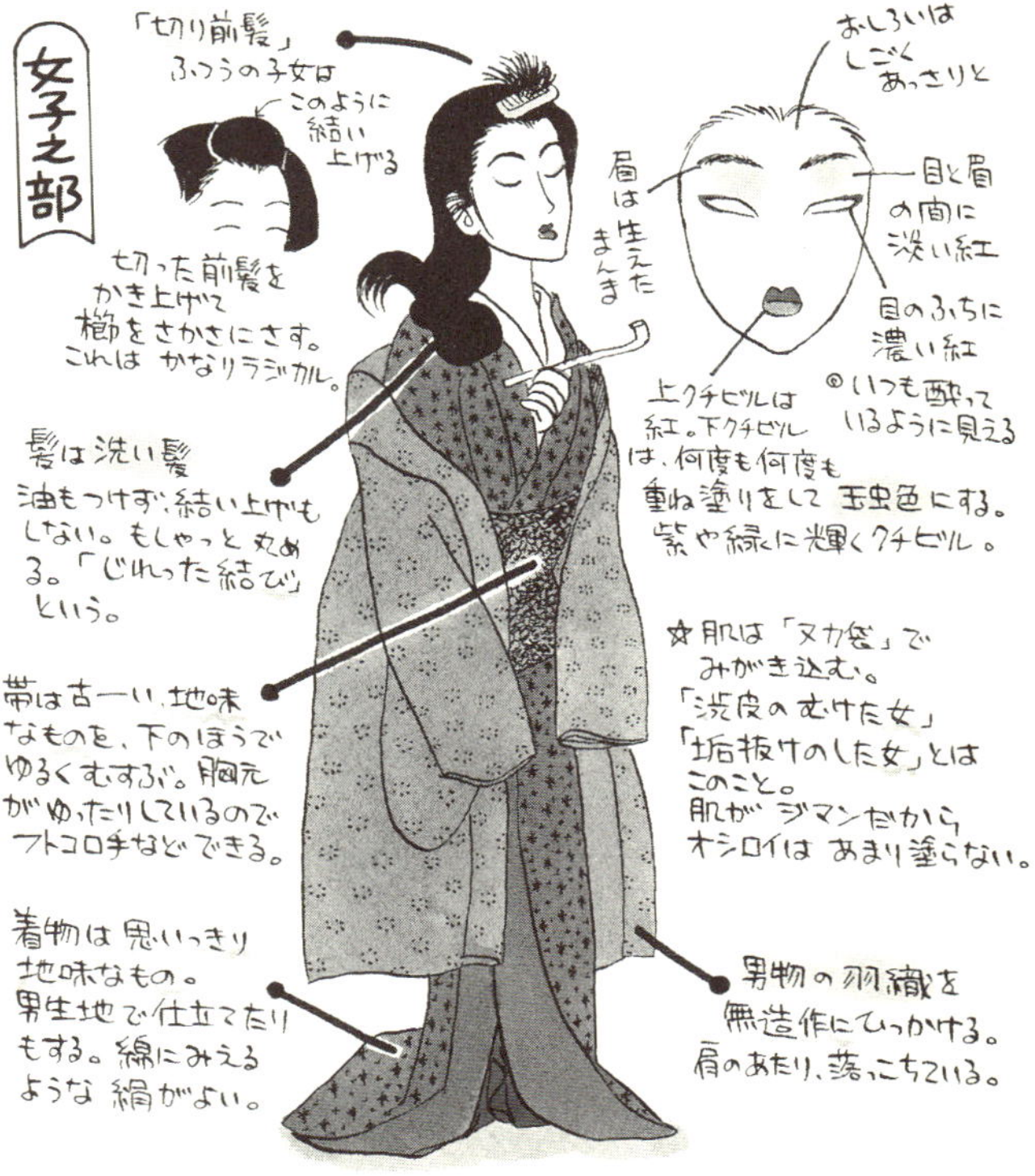
女子之部
「切り前髪」
ふつうの子女は
このように
結い
上げる
切った前髪を
かき上げて
櫛をさかさにさす。
これは かなりラジカル。
髪は洗い髪
油もつけず、結い上げもしない。もしゃっと丸める。「じれった結び」という。
帯は古ーい、地味なものを、下のほうでゆるくむすぶ。胸元がゆったりしているのでフトコロ手などできる。
着物は思いっきり地味なもの。
男生地で仕立てたりもする。綿にみえるような絹がよい。
眉は生えたまんま
おしろいは
しごく
あっさりと
目と眉の間に淡い紅
目のふちに濃い紅
◎いつも酔っているように見える
上クチビルは紅。下クチビルは、何度も何度も重ね塗りをして玉虫色にする。紫や緑に光輝くクチビル。
☆肌は「ヌカ袋」で
みがき込む。
「渋皮のむけた女」
「垢抜けのした女」とは
このこと。
肌がジマンだから
オシロイは あまり塗らない。
男物の羽織を
無造作にひっかける。
肩のあたり、落ちている。

です。カブキモノとは、要するにチャラチャラした、しょうもない奴《やつ》ということです。

カブキモノになったのは、だいたい、裕福な町人の子弟でした。彼らは金と暇にあかせてファッションに凝りました。模範のようなものはないから、おおむね、様式のない一人一人勝手なファッションです。でも、そこには共通した美意識が貫かれています。

例えば、新しく着物を仕立てるのに、わざわざ古くみえる生地を使い、地味に作ります。新品の下駄の歯をわざと低くして、いかにも履き古しのようにします。

そのくせ、裏地の柄を著名な絵師に描かせたり、有名な書家の字を入れたりしました。見えない所にお金をかけるというのが彼らのセンスなのです。あげくは縮緬《ちりめん》で褌《ふんどし》を作ったりしました。これはき心地、悪いだろうねー。

外見をハデハデに飾るのは野暮、見た目は渋くあっさり、でも、本当は金かかってんだぞ、というのが粋《いき》なのです。

このちょっと屈折した美意識は、生活全般に貫かれました。床屋に行きたて、という髪は野暮、行きたてでもわざと乱すというのが粋。魚も高価な鯛《たい》を食べるよりも小《こ》鰭《はだ》を、という具合です。

彼らにとって野暮の典型だったのが武士階級のファッション。大奥の女性たちの絢《けん》爛《らん》豪華な衣装や、武士の格式ばった格好は嘲笑《ちようしよう》の的でした。また、町人は武士を嘲笑するだけの自信と実力を持っていたのです。

江戸期になり、町人たちは経済的な実力を蓄え、その力は武士階級を凌駕《りようが》するほどになりました。

経済的余裕ができると、その力をバックに文化的な方面にも進出して行きました。町人文化の誕生です。

彼らは、個性に目覚め、それを大いに解放したのです。

一方、それを許す社会体制もあったんです。江戸時代の人間は、さまざまの禁制によってがんじがらめだったように思われていますが、それは短期間のことであって、実際は抜け穴だらけのユルユルの体制の中で、のびのび生きていたんです。

幕府の作った法律にしても、百か条しか制定されておらず、かなり個人の道徳心にゆだねられたものでした。

おのおの〝好き勝手〟に、自分の信ずるがまま生きればよい、という雰囲気があったのです。

それを最もよく体現していたのが、カブキモノたちです。

人々は、その異風にあきれながらも、それも人の勝手と尊重していました。カブキモノも好きなだけカブイて、それに飽きたら、さっさと家業に精を出しました。

彼らは別に反体制人間であったわけでもなく、世をスネていたわけでもない。個の命ずるままに、ふざけ遊んだのです。

現代に、はたしてカブキモノはいるでしょうか？　確かに〝個性的〟であることは尊重されています。しかし、本当に個性的な人間は、ほんのわずか。多くの人々は集団の規律をおびやかさない程度に、恐る恐る個性を満足させているだけ、なんて気がします。

ちょっと斜に構えて世の中を見てください。別の風景が見えてくるかも。

未来世紀ＥＤＯ

四ツ手車
(タクシー)
かごより早く数人を一度に運べる
※人力車の発明から百年前の案
(実現はしなかった)

古来より「一年の計は元旦《がんたん》にあり」とか申しまして、年頭にあたり、今年一年の展望などを鑑《かんが》みることが通例となっています。「来年のことを言えば鬼が笑う」とはいえ、先々の未来世界の空想には、やっぱり胸がトキメキます。

江戸人にとっては、私たちの住む現代の世界が「未来」です。それでは、彼らの想像した「未来世紀」とは、どんなものだったのでしょうか?

今から三百年ほど前の、江戸中期の大衆小説に「未来記もの」という流行《はや》りがありました。

未来記の書き出しには、どれも、何年後という具体的な数字は書かれていませんが、とにかく、読者の誰もが実見不可能な、ず〜っと先の世界だと、からかい半分に始まります。書き手も読み手も、内容が冗談であることは百も承知で、アハハそんなこと

ズバリ大予言
1 子供の激辛好き
やかましくすると柱へしばりつけてマンジュウを食わせるぞよ。
いやだよう とんく唐辛子を買ってくんねえ。
2 主夫の登場
あなたん、おフロになさいます？それとも先に一杯つけます？
うーん、ちびっと飲《や》るか。
3 シルバー・パワー
マゴがなんじゃい
しゃらくせい。
ホホホ。
4 旬の常識が崩れる
(例・十二月二十日頃には初鰹が出る)
〜イ かっつお だぜイ
5 若者のレトロ趣味
流行歌に飽きてやたら古い歌曲へ走る若者
お神楽も良いもんじゃ。
〽ナンマイダブ
ベン ベベン
6 意味不明のカタカナ言葉のハンラン
あすこのヘケレケはプウだよ。
プウ＝粋
ヘケレケ＝遊女
あれよりおめえのがとんだピイでうらやましい。
通＝ピイ
7 簡易パックの流行
おせちも正月用品もみんなパックで売られるのでそれを買えば準備はおしまい。
あとはヒマになるので十二月は中旬ごろから毎日忘年会をやるようになる。
正月用
正月用

があってたまるかと、笑うための草紙《そうし》だったのですが、未来人の私たちから見れば、冗談に終わらぬ大予言も少なくありません。

その未来像を統合して見ると、

①季節感がなくなる。（旬《しゅん》の時期がベラボーに早まる）
②諸事、高級志向となり、贅《ぜい》を極めた後は、マニアックな趣味に走るようになる。（個性的なファッションがもてはやされる。古典への回帰、すなわちレトロが脚光を浴びる）
③各界での女性の台頭。（男性独占の分野がなくなる）
④自然破壊。（山奥まで宅地化が進み、神聖な山も俗っぽくなる）
⑤プロとアマの差がなくなる。（特に、芸能関係ではそうなる）
⑥今まで家庭で作っていたものが、安直なパックもの、セットものとして売られる。（七夕セット、お正月セットなど）
⑦草双紙《くさぞうし》（マンガ）が大人の読み物となり、小難しい本を読む子供が増える。
⑧子供が辛い商品を嗜好《しこう》する。
⑨日本語が乱れ、通言《つうげん》（業界用語）が流行り、ついには、得体《えたい》の知れないカタカナ言葉が横行する。

これが未来のファッション
MEN'S
ツルハシのように伸びた髷
幅広の帯
だぶだぶ、ズルズルのビッグ・シルエット
LADY'S
女性が大柄になり男服を着用し、大股で町を闊歩するようになる。

⑩遊女（風俗ギャル）が、金持ちになり、実業界に乗り出す。
⑪年寄りの若作り、老いらくの恋が流行り、若者は老人趣味となり、渋いことばかり喜ぶ。
⑫盆と正月が、のべつ一緒に来る。（イベント流行り）
何やら思いあたることが、たくさんあります。とはいえ、ず〜っと先の未来のはずなのに、挿絵《さしえ》の「未来人」が、当たり前のようにみんなチョンマゲに着物姿というのが、いかにもノンキでほほえましい感じです。

シャレ

江戸伝来のシャムことば
①メバルちゃんの為なら
焼豆腐の心意気さッ
さて
タマサカ先生は
何と言っているんでしょう
答えは255ページ

女「昨夜は……?」
男「そんな昔のことは覚えていない」
女「今夜は……?」
男「そんな先のことはわからない」
…………………………
男「君は何をし、何を考えていたのかな?」
女「それは聞かない約束よ」
男「(微笑《ほほえ》んで)君の瞳《ひとみ》に乾杯」
――シャンパングラス、チーン。
なむあみだぶつ。ご存じ名画『カサブランカ』の名セリフ二題であります。
なんというか、まいってしまいますよね。胸のあたりがウジャウジャ、口元がムグムグ……私は思わずバカヤロウとつぶやいてしまいました。

これはいちおう、男女のシャレた会話のお手本のようになっていますが、人に、こんな恥ずかしい思いをさせるセリフなんて、ちっともシャレていないですよね。

悪ジャレ、ブシャレですよ、これは。あそこで、イングリッド・バーグマンがプッと噴いたら、シャレで通ったところですがねえ。

たとえば、似たような状況を、江戸時代において再現するとすればコウです。

——舞台、吉原の大見世《おおみせ》（高級遊女屋）。美しい花魁《おいらん》と通人風の客、満月を肴《さかな》に盃《さかずき》を傾けている。

男「良《え》え月夜じゃァねえかえ」

女「オヤ、憎いのゥ、雲が出てきんしたよゥ」

男「ナァニ、下界の色模様を見ちゃアいられないてえんで、月が恥ずかしがって隠れたのだわ」

女「エエモ、おぶしゃれさんすな、いっそ好きんせん」（ふざけんじゃないよ、いけ好かない）

——と、この男は振られてしまうことになるのです。

江戸人は「キザ」と指摘されるのを何よりおそれていました。「キザ」は「気障」と書きます。じゃらじゃらちくちくする、あつかましい、デリカシーのない、気障《きざわ》りな状態を言います。

粋《いき》、通《つう》といった、江戸人の美意識は、わだかまりのない、さらさらした、極上の水（うまい水）のようなものでした。「キザ」は、その対極にある感覚でありました。

江戸人にとって、女を口説く時の理想の言葉は、そよ風のように自然で、耳通りのよいセリフでなければいけません。

けれども、そんな芸当（曲芸？）は、真の通人、粋人でなければできないことです。そして、世の中に真の通人、粋人など、そうざらにいるわけではない、ということも、江戸人たちはちゃーんと知っていました。

そこで、前述のように、男女がいい雰囲気で盛りあがっている時にどうしたか――この豊潤な時間をいつまでも持続させたい、うっかりキザに踏みはずせば御破算だ、かといって何か言わなければ気まずい――先の場面をもう一度、

男「良え月夜じゃァねえかえ」

①の答
「たとえ火の中水の底」
焼豆腐は田楽にしても鍋にしてもおいしいね
②
明店《あきだな》(空家)のエビスさん
「一人でニコニコしている」
③
曲った木
メバルちゃん、ちょいとそこまで
タッタッタッ
「柱(走ら)にゃならん」
うーむこいつァ……
大工さん
④
八歳のこども
ウッ
プ～
ゴミバコ
「明ければ九歳(臭い)」

女「オヤ、憎いのゥ、雲が出てきんしたよゥ」
男「どら、物干し竿《ざお》を貸してくだっし」
女「何にしなんす」
男「イヤサ、雲をサ、のけようかと思って」
女「オヤ、ばからしい」
——と女は客の背中をたたいて笑う。男も笑っている——とこれは粋にきまった部類、二重丸ですね。こんな機智が、とっさに思い着かない場合はどうすればよいか。やっぱり、何か言わなければ気まずい、さて——先の場面をもう一度、

男「良え月夜じゃァねえかえ」
女「オヤ、憎いのゥ、雲が出てきんしたよゥ」
男「そりゃ曇（困）った事だ」
——女半ばあきれて笑う……これでよいのです。くだらなくっていいんです。少なくとも「キザ」にはなりません。
このへんのはぐらかし方が、江戸人の「シャレっ気」なんですね。シャレは粋や通と同様の美意識ですが、シャレはサレ、つまり「戯《ざ》れ」に通じる意味があります。戯

れは、真剣にならない、軽やかな気持ちを言います。
こんな気持ち、大切にしたいものです。

⑤
タナ〜ッ
もっと〜ッ
ベラボウめッ
酒
柄《え》のとれた肥《こえ》柄《び》杓《しゃく》
「手のつけようがない」
⑥魚屋のごみ
ニャ
「あら(改) 溜《たま》っている」
⑦狼のきん玉
百両
ウ〜
「こわくてさわれない」
⑧こんにゃくの木登り
ぶるるるん
「ふるえ上る」
⑨徳島の天気
ピュー
阿波
「阿波《あわ》(慌) 照る」

これが江戸ッ子だ!

髪はわりあいこざっぱりとしている
☆俗に言う「キカナイ」顔
オデコ
眉根が迫っている
一重
ちいさいつり目
小ぶりの鼻
一文字の口
平たいアゴ
短く切ったツメ
江戸ッ子的外観の典型
表情の特徴
① 眉の上下運動がはげしい。
② まばたきが多い。
③ だまっている時も口がモゴモゴする
④ 思っていることがすぐ顔に出る

もうすぐ春ですね。春は、何かと新しい始まりの予感がする季節です。

ちょっぴり過激な最先端のファッションにトライしてみたい、とお考えの貴兄に、「江戸ッ子」はいかがでしょうか。息を静かに吸い込んで、さあ、ご一緒にご唱和ください。「てやんでぃ、べらぼうめぇ、こちとら江戸ッ子でい、気が短けぇんだ、もたもたしゃがると鼻の穴へ屋形船を蹴込《けこ》むぞ、すっとこどっこい、おとつい来やがれ、ぼくねんじん」

貴方《あなた》も、早速「江戸ッ子」をマスターして、誰よりもＨＯＴな春を迎えてみませんか？

「江戸ッ子」とは「金のしゃっちょこ（鯱《しゃちほこ》）を横目に睨《にら》み、水道の水を産湯《うぶゆ》に浴び、拝み搗《づ》きの米を食って、日本橋の真ん中で育った」人です。イマ風に言えば「東京タワーを横目に睨み、ハイテク設備の病院で産まれ、宮城のササニシキ（新潟のコシヒカリ）の新米（高い米）を食って、六本木交差点の真ん中で育った」人で、住まいはメインストリートの路地裏、さしずめ銀座通り、青山通り、表参道の裏手となります。「べらんめえの江戸ッ子」と言えば、やたらに騒々しいギャグの扱いですが、笑っちゃいけません。彼らこそ、洗練された都市民なのです。

輸入物の「エスプリのきいた都会的センス」も結構ですが、時には、土地物も一興、ぜひお試しあれ。

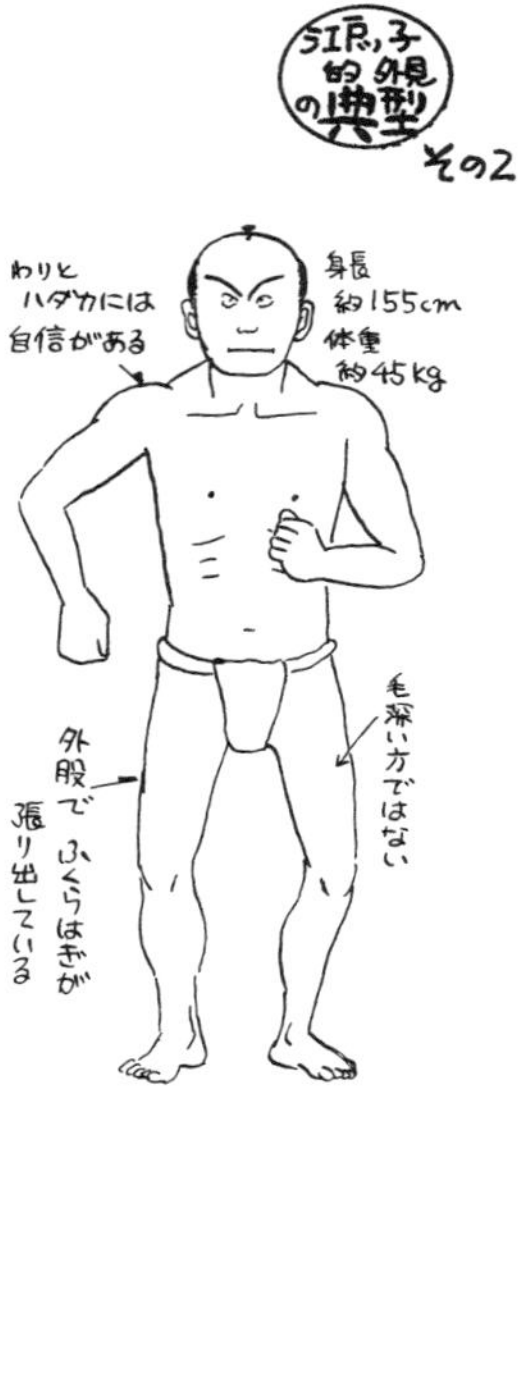
江戸ッ子的外見の典型
その2
わりとハダカには自信がある
身長 約155cm
体重 約45kg
毛深い方ではない
外股で
ふくらはぎが張り出している

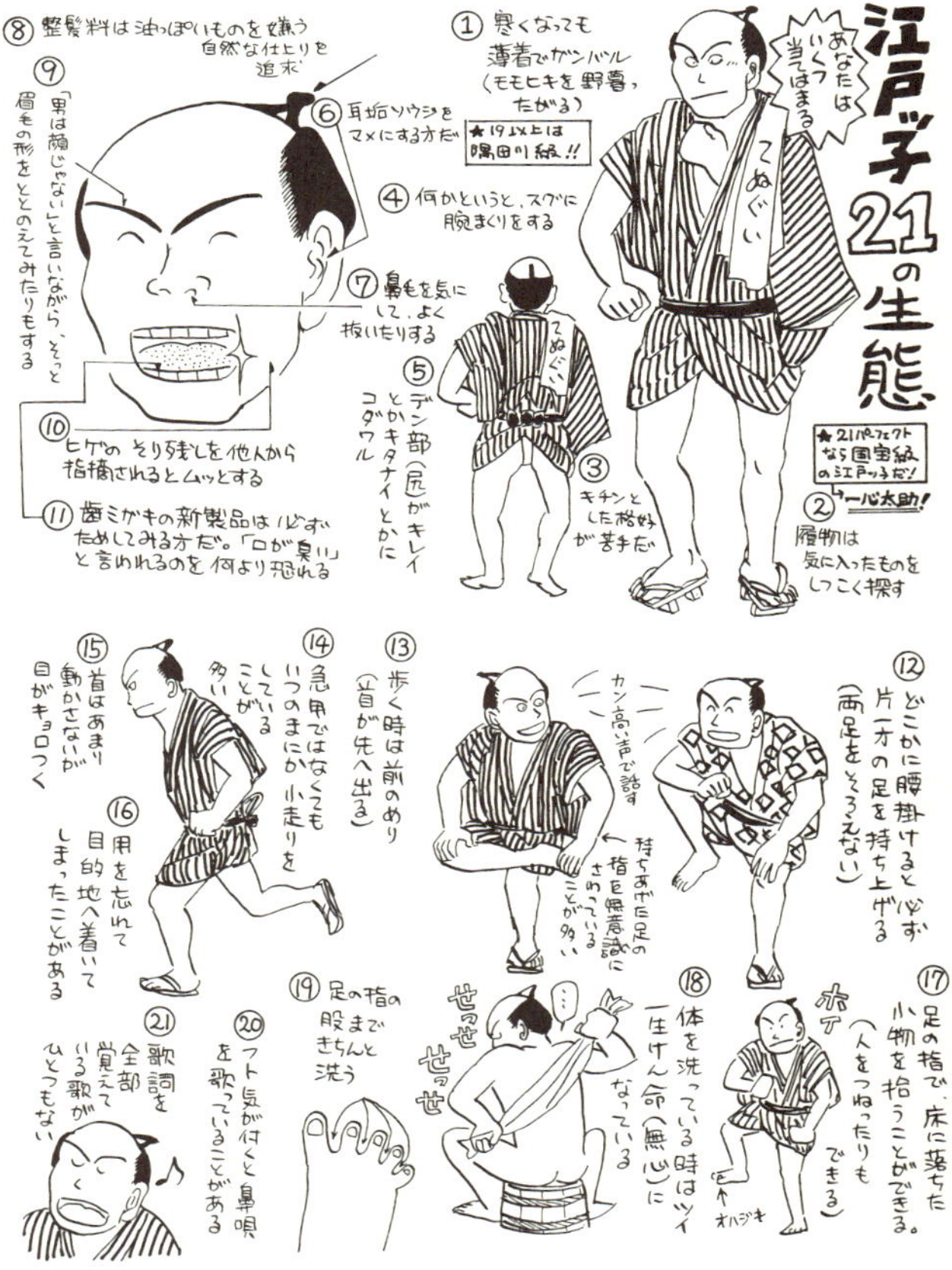
江戸ッ子21の生態
あなたはいくつ当てはまる
★21パーフェクトなら国宝級の江戸ッ子だ!
一心太助!
① 寒くなっても薄着でガンバル（モモヒキを野暮ったがる）
★19以上は隅田川級!!
てぬぐい
② 履物は気に入ったものをしつこく探す
③ キチンとした格好が苦手だ
④ 何かというと、スグに腕まくりをする
⑤ デン部（尻）がキレイとかキタナイとかにコダワル
⑥ 耳垢ソウジをマメにする方だ
⑦ 鼻毛を気にして、よく抜いたりする
⑧ 整髪料は油っぽいものを嫌う
自然な仕上りを追求
⑨「男は顔じゃない」と言いながら、そっと眉毛の形をととのえてみたりもする
⑩ ヒゲのそり残しを他人から指摘されるとムッとする
⑪ 歯ミガキの新製品は必ずためしてみる方だ。「口が臭い」と言われるのを何より恐れる
⑫ どこかに腰掛けると必ず片一方の足を持ち上げる（両足をそろえない）
カン高い声で話す
持ちあげた足の指を無意識にさわっていることが多い
⑬ 歩く時は前のめり（首が先へ出る）
⑭ 急用ではなくてもいつのまにか小走りをしていることが多い
⑮ 首はあまり動かさないが目がキョロつく
⑯ 用を忘れて目的地へ着いてしまったことがある
⑰ 足の指で、床に落ちた小物を拾うことができる。（人をつねったりもできる）
ホイ
オハジキ
⑱ 体を洗っている時はツイ一生けん命（無心）になっている
せっせっせ
⑲ 足の指の股まできちんと洗う
⑳ フト気が付くと鼻唄を歌っていることがある
㉑ 歌詞を全部覚えている歌がひとつもない

仲間で遊ぼう!!

江戸ッ子スラング

あいぶ(歩く)

○ むだを言わずと あいばっし
(冗談ばっかり言ってないで歩きな)

あすぶ(遊ぶ)

○ あじな あすびが たんと あるよ
(面白味のある遊びが いっぱいあるよ)

うせる(来やがる)

○ 野郎 うしゃがったら ぶちのめしてくれよう
(あいつが来たら とっちめてやる)

くらう(飲む、食う)

○ うぬは いけ悪ィ 酒ッくらいだ
(お前は 悪い酒の飲み方をする)

くらわす(なぐる)

○ 脳天よゥ 思い入れ くらわす
(頭を思いっ切り ひっぱたく)

しとびと(人々)

○ 「し」,「ひ」,「す」の誤用

しこし(少し) そうしると(そうすると)
オヒドリ(オシドリ) しとがら(人柄)
しろこうじ(広小路) しがし(東)

ちくるい(畜類…男女の仲をやっかんで言う)

○ ちくるいめ、しげりやがれ
(うまいことやりやがって、たっぷり楽しめ畜生!)

ちわる(痴話る…痴話をする)

○ 名詞の動詞的用法
ちゃづる(茶漬る→茶漬けを食う)
へんげる(変化る→化ける)
りょうる(料る→料理をする)

とらまる(捕まる…とらえられる)

○ つらまる(つかまる)
めっかる(見付かる)

☆江戸ッ子度・十八のチェック

①衝動買いをすることがよくある。
②見栄ッ張りだ。借金をしても、人におごったことがある。
③早口だ。よく聞き返される。
④何でも勝手に略語にしてしまう。
⑤気が短い。推理小説は、いつも初めに結末のページを見てしまう。
⑥定食より丼飯《どんぶりめし》のほうが好き。
⑦意外と潔癖だ。濡《ぬ》れたお箸《はし》を気味悪がる。
⑧下着は白、必ず毎日取り替える。
⑨行きつけの床屋がある。
⑩おしゃれに無頓着《むとんちゃく》のように見えるが、本人なりのこだわりがある。
⑪履物には金をかけるほうだ。
⑫間食が好き。
⑬入浴時間は十五分以内、摂氏四十五度以上の熱い湯に毎日入る。
⑭アガリ性だ。緊張すると、言動が怒っているように見える。
⑮異性交際がヘタ。いったんくっつくと、泥沼になりやすい。

⑯駄洒落《だじゃれ》が好き。人に嫌がられるほど駄洒落を連発する。
⑰ウソ話を本気で聞いて、後で笑われることがよくある。
⑱涙もろいほうだ。

十八項目パーフェクトなら、オメデトウ金箔《きんぱく》付きの江戸ッ子。十五以上は、江戸ッ子の末裔《まつえい》の東京ッ子を名乗る資格あり。十以上は並の東京人、ヒトケタ台は並の日本人です。

この作品は平成十年四月小学館より刊行された。

杉浦日向子著

江戸アルキ帖

日曜の昼下がり、のんびり江戸の町を歩いてみませんか——カラー・イラスト一二七点とエッセイで案内する決定版江戸ガイドブック。

杉浦日向子著

百　物　語

江戸の時代に生きた魑魅魍魎たちと人間の、滑稽でいとおしい姿。懐かしき恐怖を怪異譚集の形をかりて漫画で描いたあやかしの物語。

杉浦日向子著

ごくらくちんみ

とっておきのちんみと酒を入り口に、女と男の機微を描いた超短編集。江戸の達人が現代人に贈る、粋な物語。全編自筆イラスト付き。

杉浦日向子監修

お江戸でござる

お茶の間に江戸を運んだＮＨＫの人気番組・名物コーナーの文庫化。幽霊と生き、娯楽を愛す、かかあ天下の世界都市・お江戸が満載。

杉浦日向子著

杉浦日向子の食・道・楽

テレビの歴史解説でもおなじみ、稀代の絵師にして時代考証家、現代に生きた風流人・杉浦日向子の心意気あふれる最後のエッセイ集。

藤沢周平著

橋ものがたり

様々な人間が日毎行き交う江戸の橋を舞台に演じられる、出会いと別れ。男女の喜怒哀楽の表情を瑞々しい筆致に描く傑作時代小説。

宮部みゆき著　堪　忍　箱

蓋を開けると災いが降りかかるという箱に、心ざわめかせ、呑み込まれていく人々——。人生の苦さ、切なさが沁みる時代小説八篇。

川上弘美著　おめでとう

忘れないでいよう。今のことを。今までのことを。これからのことを——ぽっかり明るくしんしん切ない、よるべない十二の恋の物語。

江國香織著　神様のボート

消えたパパを待って、あたしとママはずっと旅がらす…。恋愛の静かな狂気に囚われた母と、その傍らで成長していく娘の遥かな物語。

江國香織著　がらくた
島清恋愛文学賞受賞

海外のリゾートで出会った45歳の柊子と15歳の美しい少女・美海。再会した東京で、夫を交え複雑に絡み合う人間関係を描く恋愛小説。

宇江佐真理著　深川にゃんにゃん横丁

長屋が並ぶ、お江戸深川にゃんにゃん横丁で繰り広げられる出会いと別れ。下町の人情と愛らしい猫が魅力の心温まる時代小説。

山本周五郎著　赤ひげ診療譚

貧しい者への深き愛情から〝赤ひげ〟と慕われる、小石川養生所の新出去定。見習医師との魂のふれあいを描く医療小説の最高傑作。

唯川　恵著
ため息の時間
男はいつも、女にしてやられる——。裏切られても、傷つけられても、性懲りもなく惹かれあってしまう男と女のための恋愛小説集。

阿川佐和子著
魔女のスープ
—残るは食欲—
あらゆる残り物を煮込んで出来た、世にも怪しい液体——アガワ流「魔女のスープ」。愛を忘れて食に走る、人気作家のおいしい日常。

吉本ばなな著
アムリタ（上・下）
会いたい、すべての美しい瞬間に。感謝したい、今ここに存在していることに。清冽でせつない、吉本ばななの記念碑的長編。

江戸川乱歩著
江戸川乱歩傑作選
日本における本格探偵小説の確立者乱歩の処女作「二銭銅貨」をはじめ、その独特の美学によって支えられた初期の代表作9編を収める。

荻原　浩著
押入れのちよ
とり憑かれたいお化け、№1。失業中サラリーマンと不憫な幽霊の同居を描いた表題作他、必死に生きる可笑しさが胸に迫る傑作短編集。

阿川佐和子・角田光代
沢村凜・柴田よしき
谷村志穂・乃南アサ
松尾由美・三浦しをん　著
最後の恋
—つまり、自分史上最高の恋。—
8人の女性作家が繰り広げる「最後の恋」をテーマにした競演。経験してきたすべての恋を肯定したくなるような珠玉のアンソロジー。

一《いち》日《にち》江《え》戸《ど》人《じん》

新潮文庫　す－9－7

平成十七年四月一日発行
令和二年五月二十五日三十五刷

著者　杉《すぎ》浦《うら》日《ひ》向《な》子《こ》

発行者　佐藤隆信

発行所　株式会社新潮社

郵便番号　一六二―八七一一
東京都新宿区矢来町七一
電話　編集部(〇三)三二六六―五四四〇
読者係(〇三)三二六六―五一一一
http://www.shinchosha.co.jp

価格はカバーに表示してあります。

乱丁・落丁本は、ご面倒ですが小社読者係宛ご送付ください。送料小社負担にてお取替えいたします。

印刷・錦明印刷株式会社　製本・錦明印刷株式会社

ISBN978-4-10-114917-2 C0121